ÉQUILIBRÉ

ADULTE COLORIAGE LIVRE ZEN EDITION

Coloring Bandit

Publié par Speedy Publishing Canada Limited

COLORING BANDIT

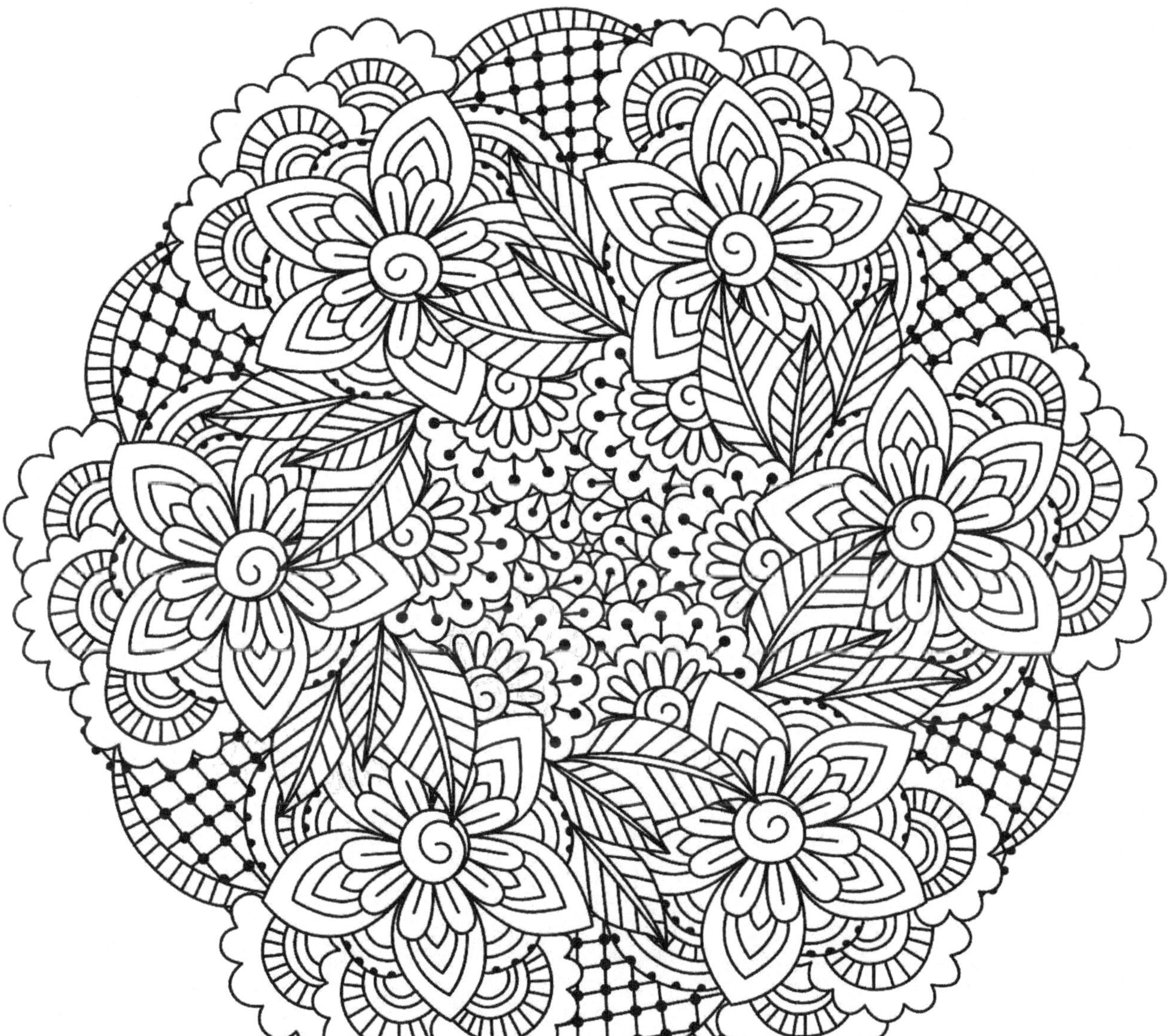

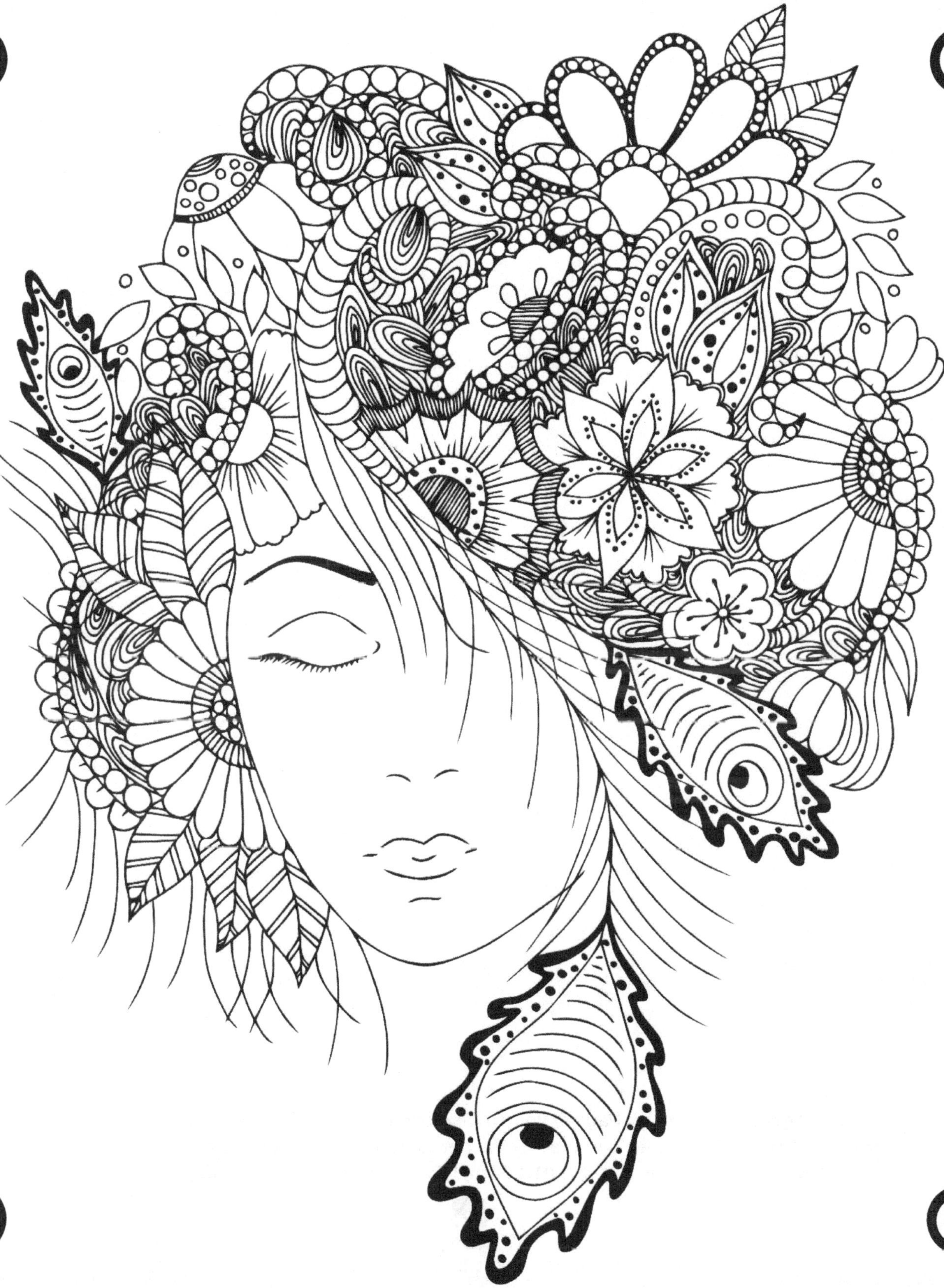

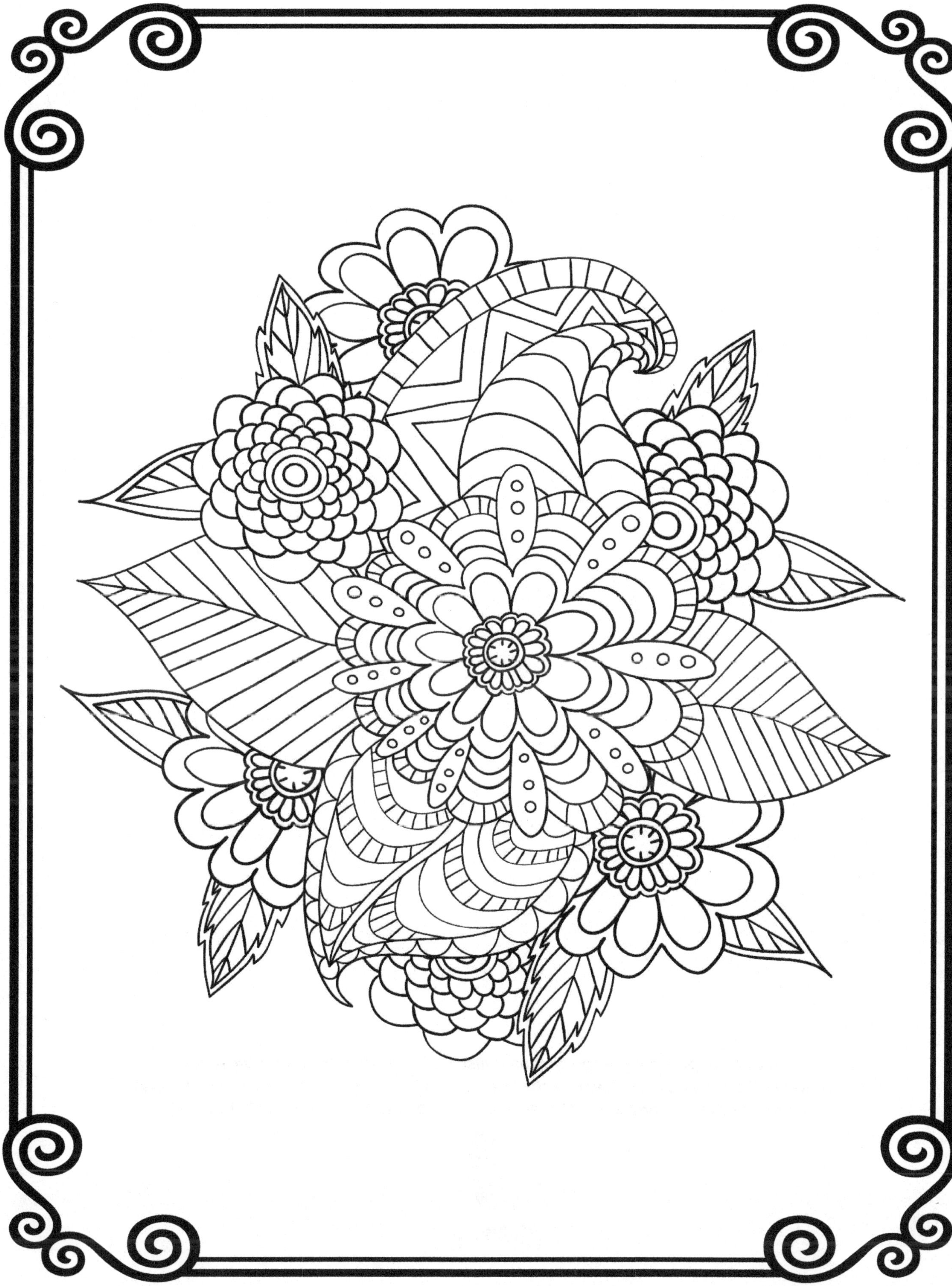

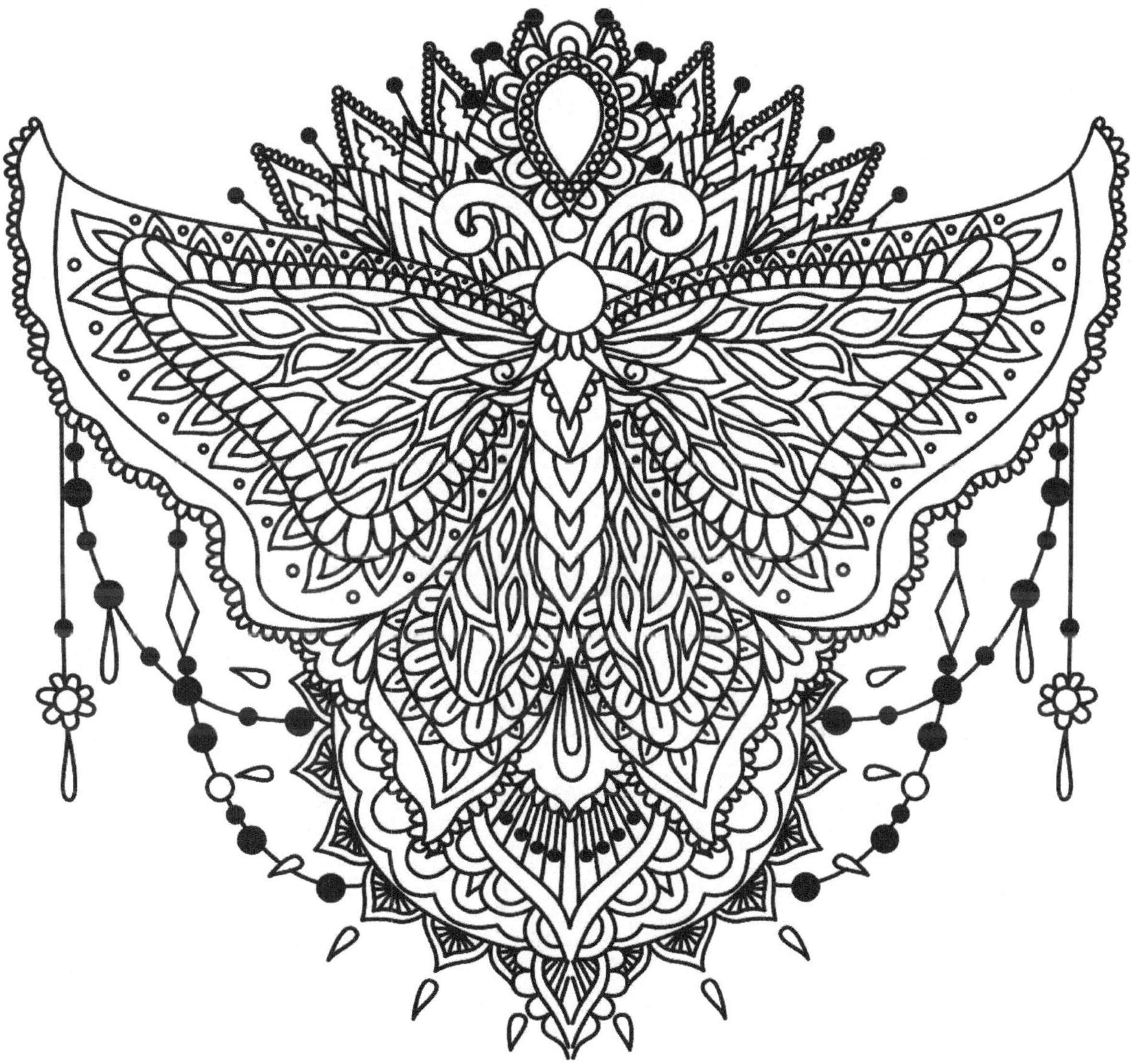

C'est une purge par Page si vous utilisez un coloriage feutre ou un stylo!

Trouver d'autres grands titres par la recherche de Coloriage Bandit sur Favorite livre détaillant

Amazon.Ca | Barnes & Noble (BN.Com) | J'ai Des Livres 1 Million (BAM.Com)

COLORING BANDIT

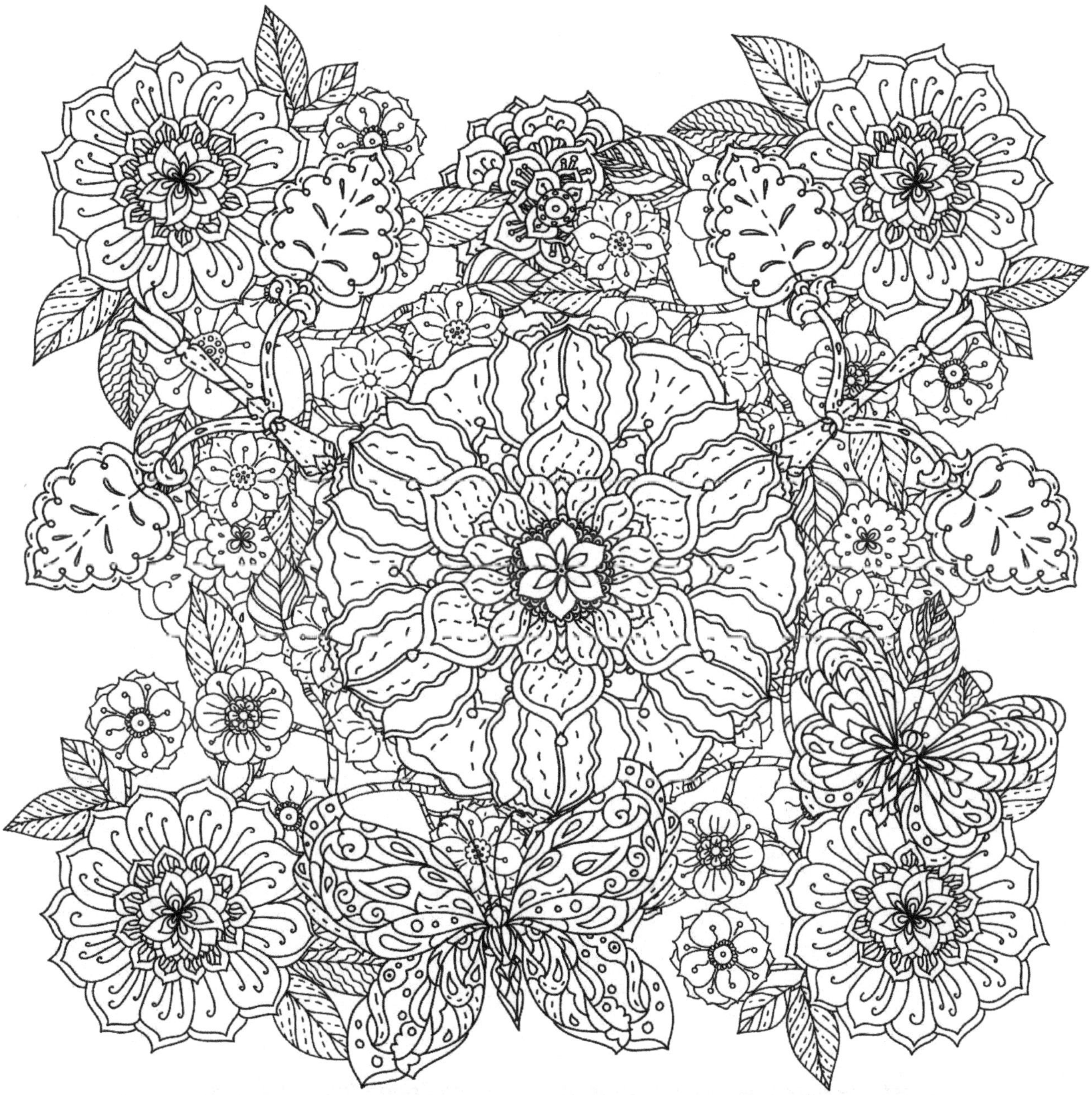

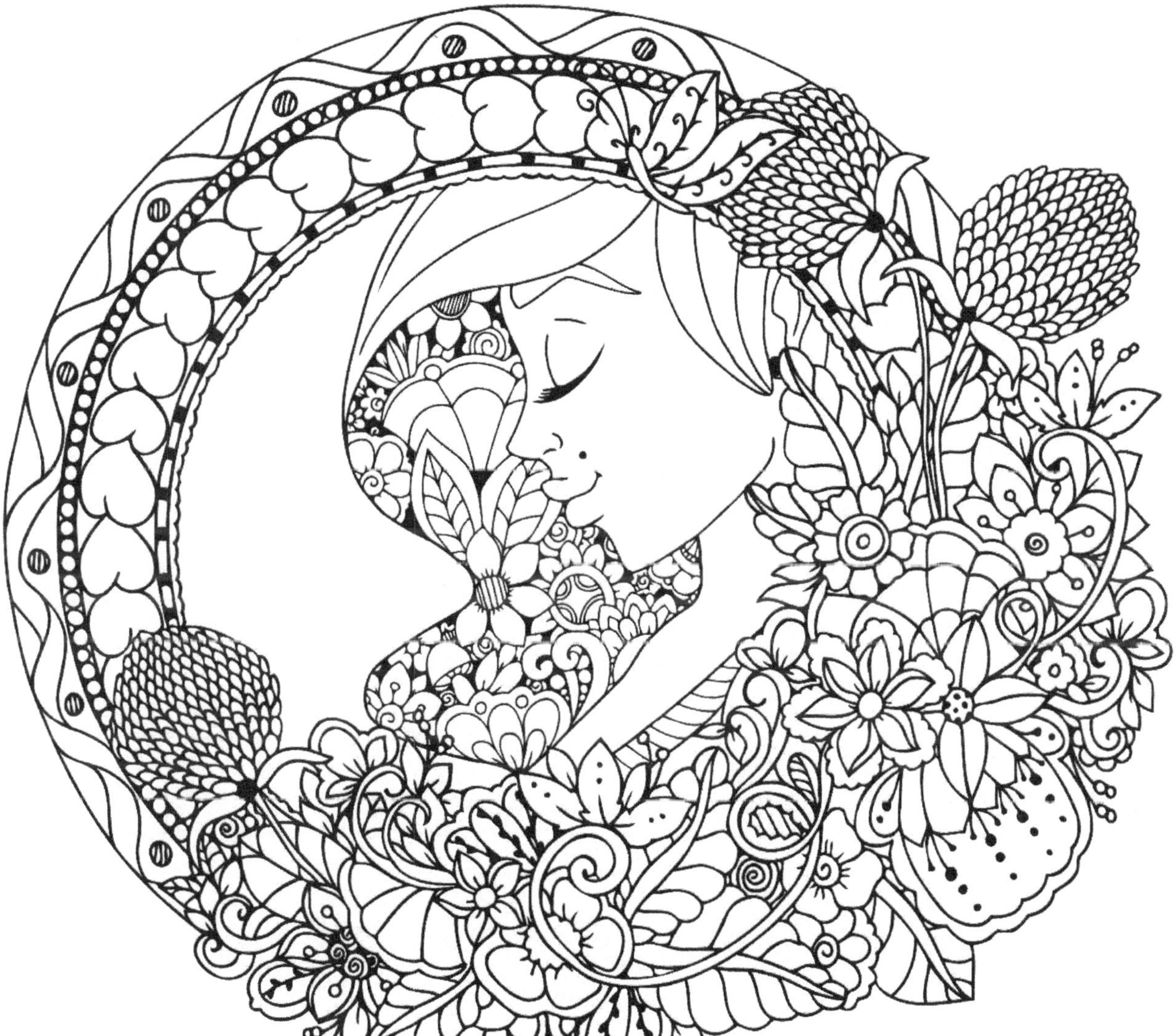

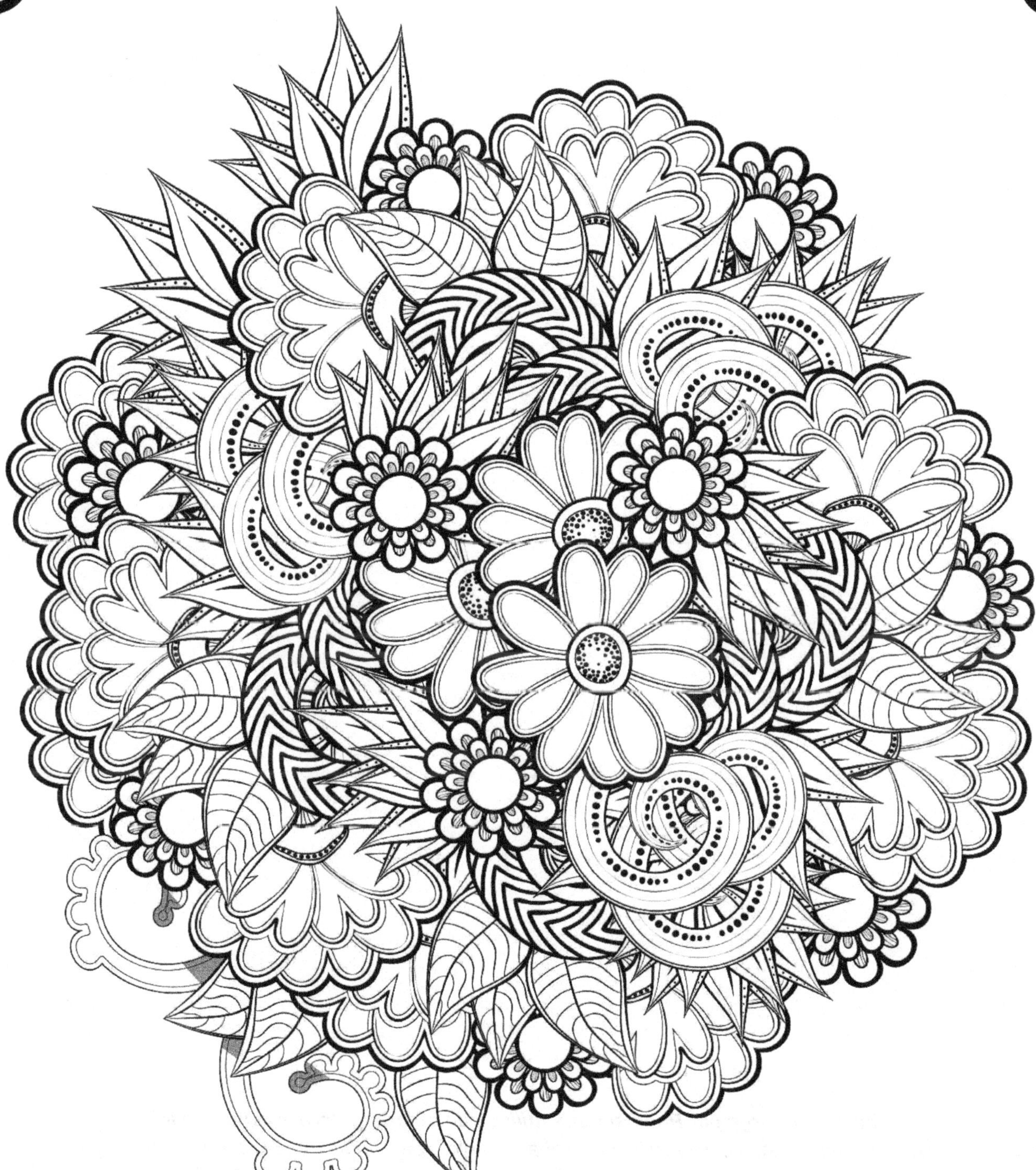

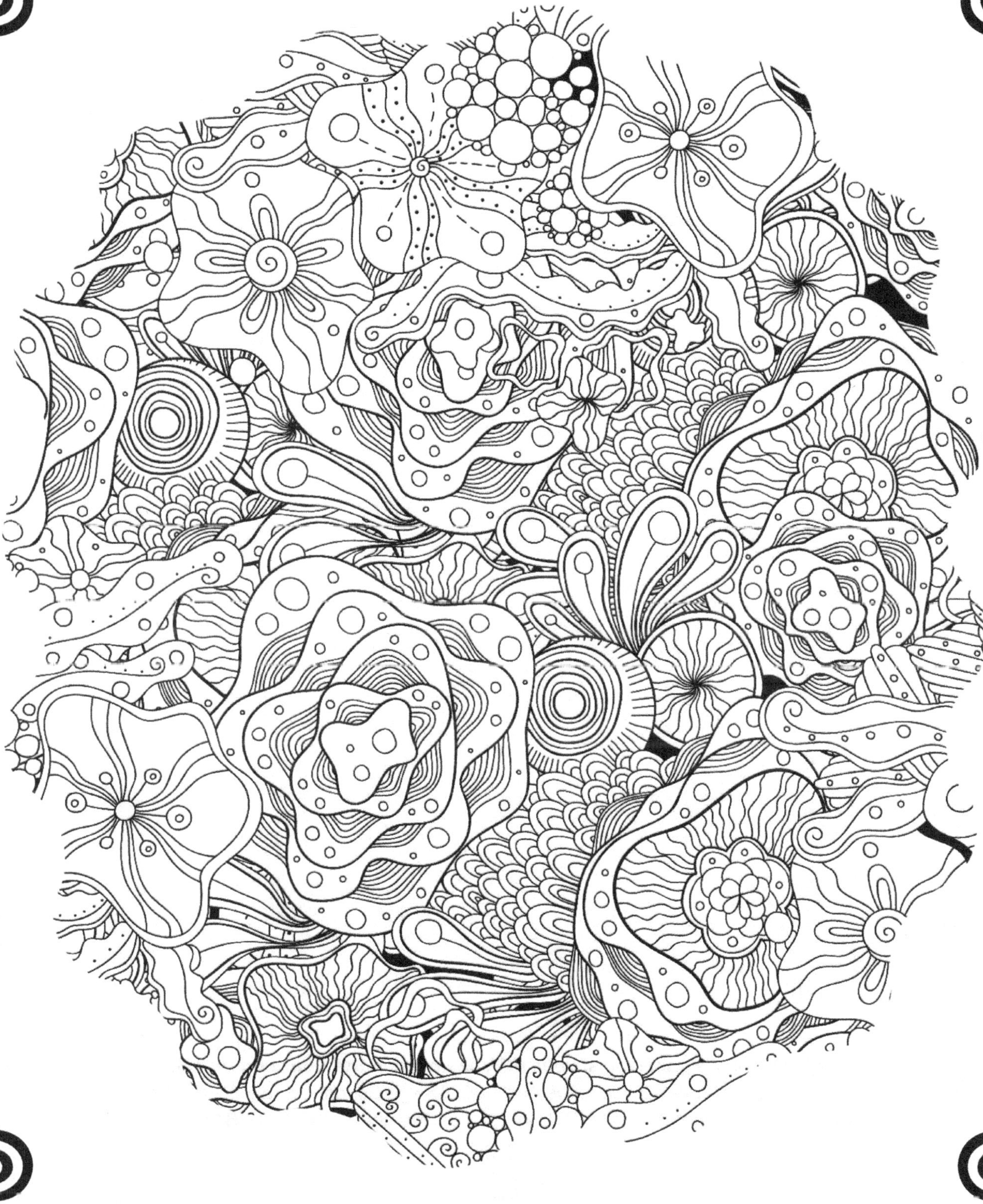

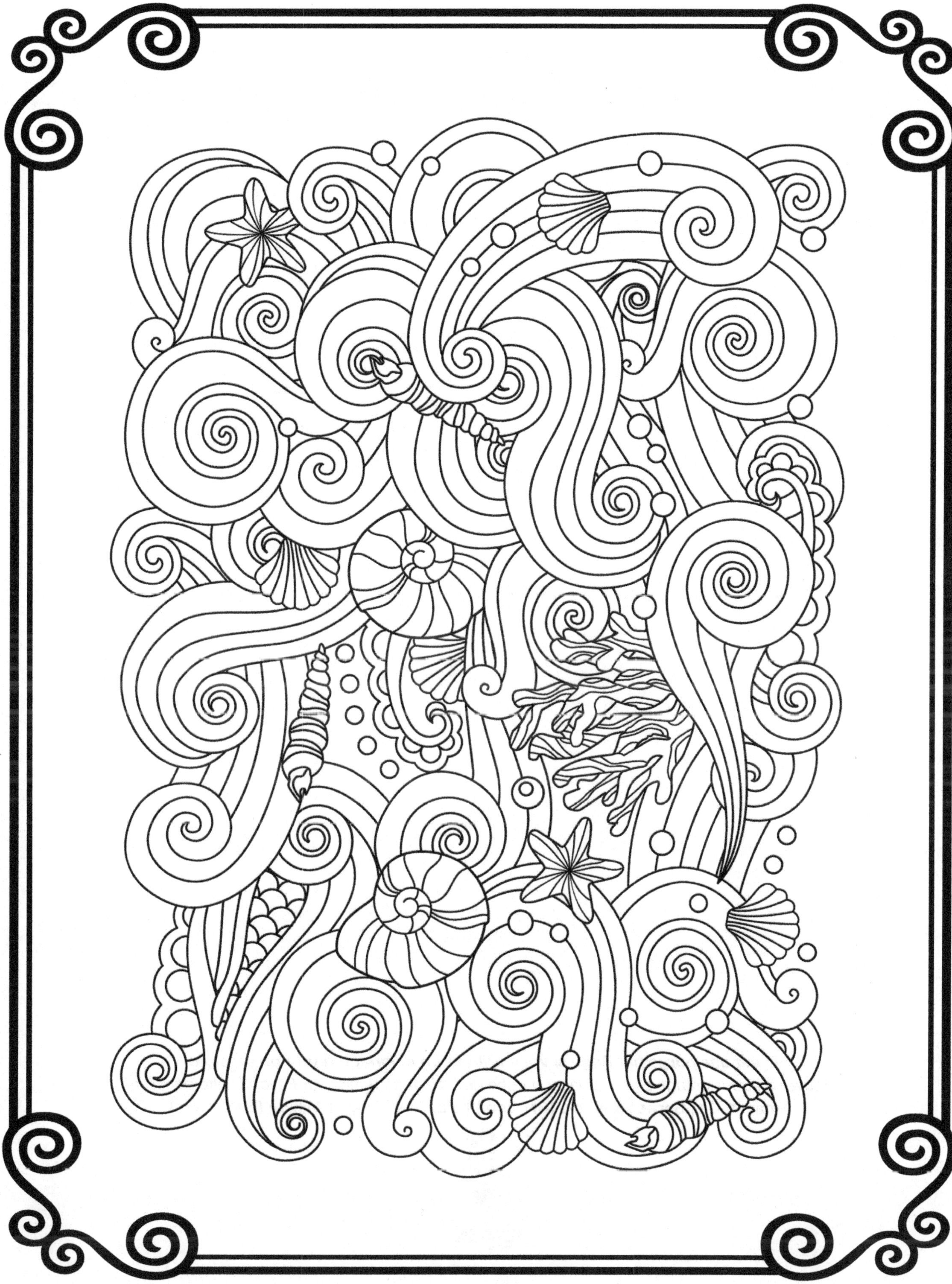

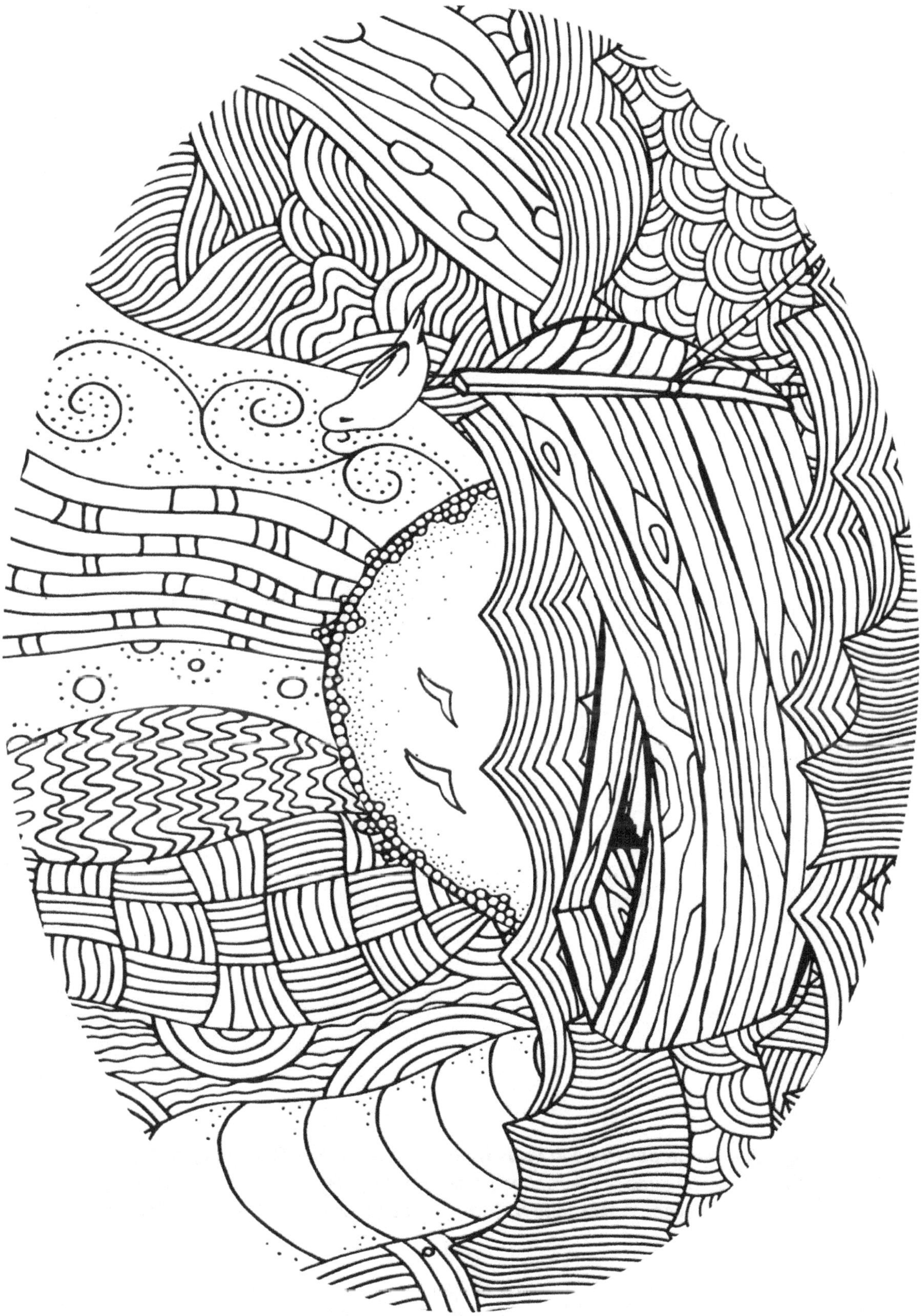

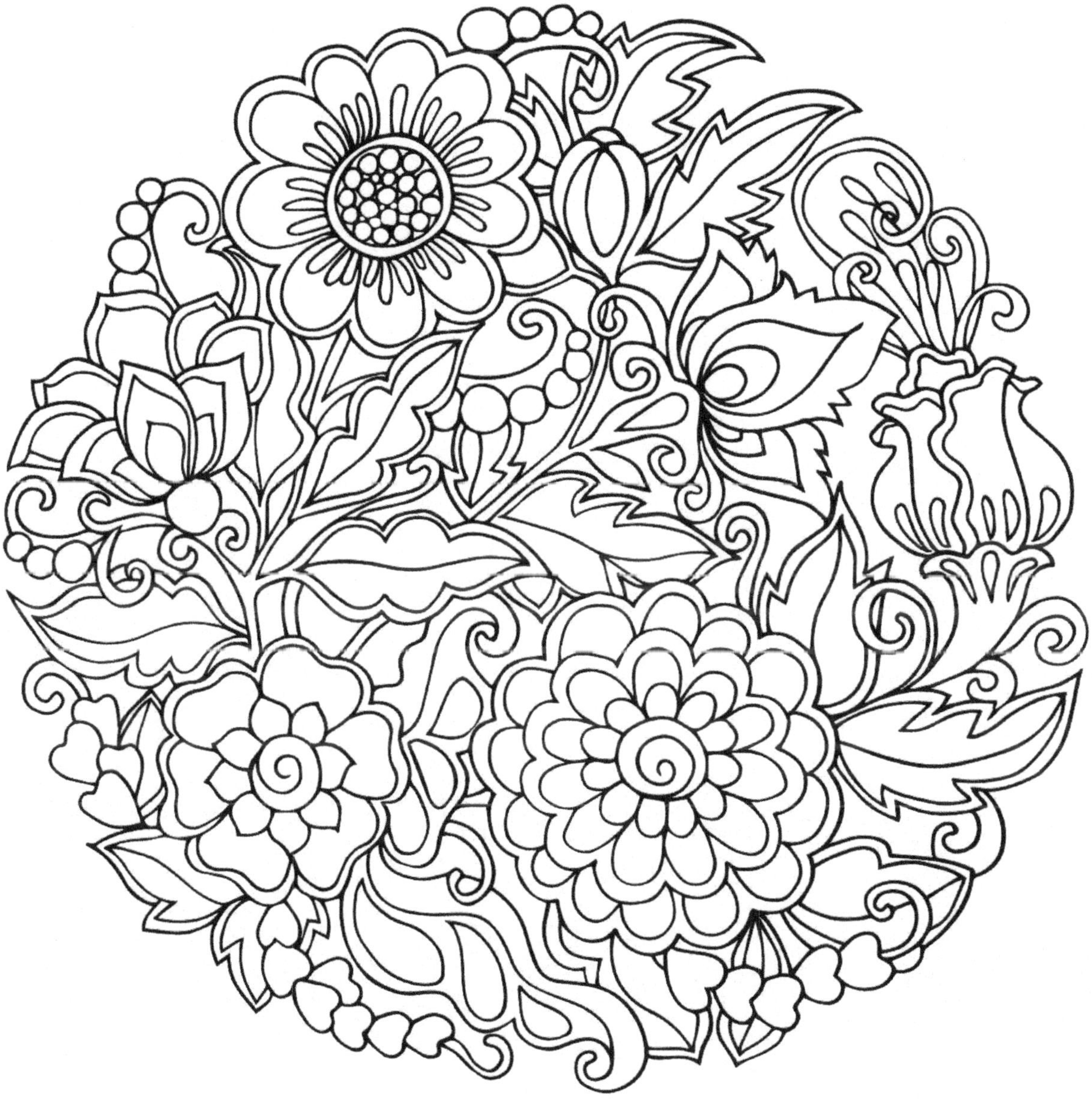

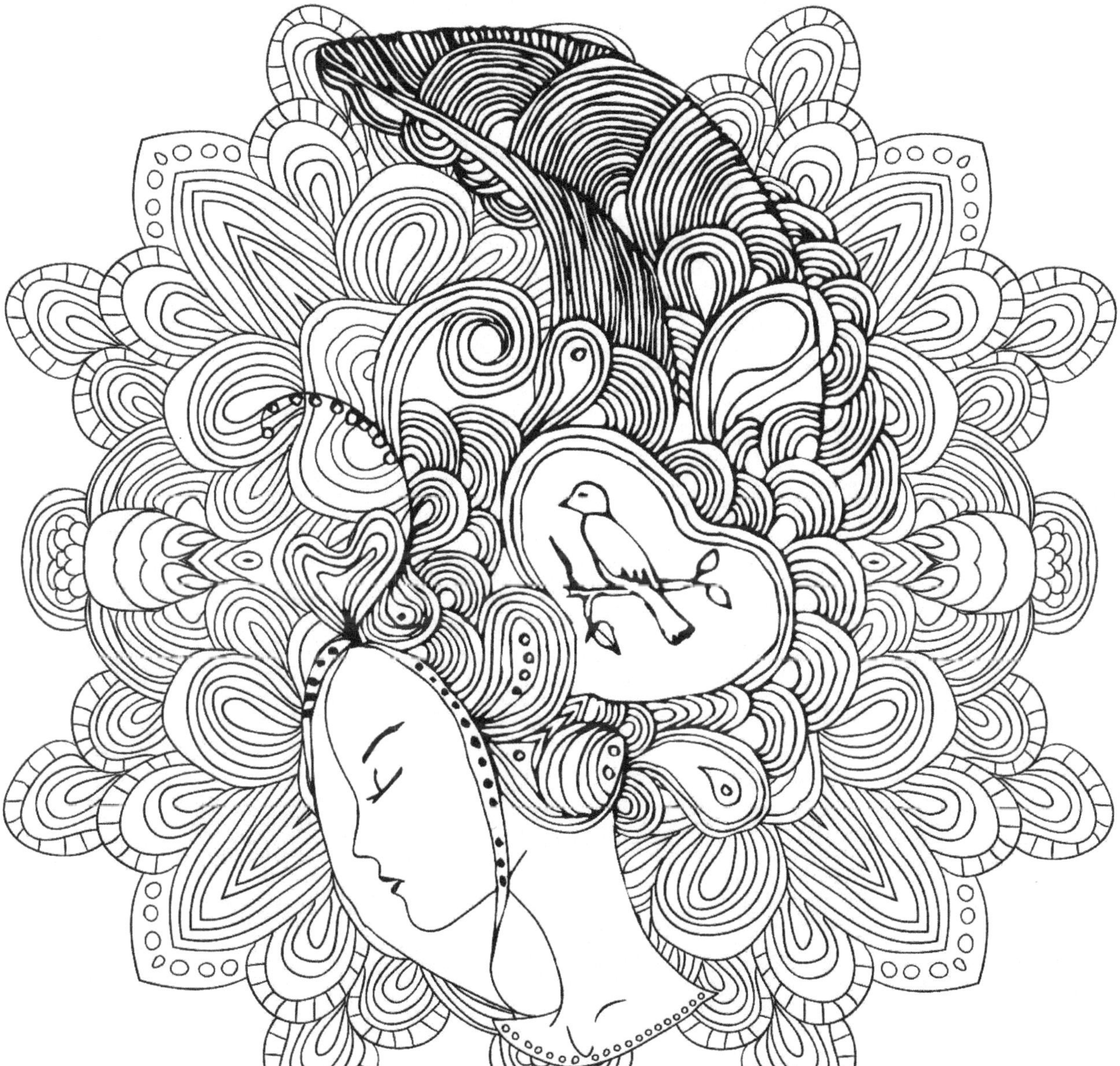

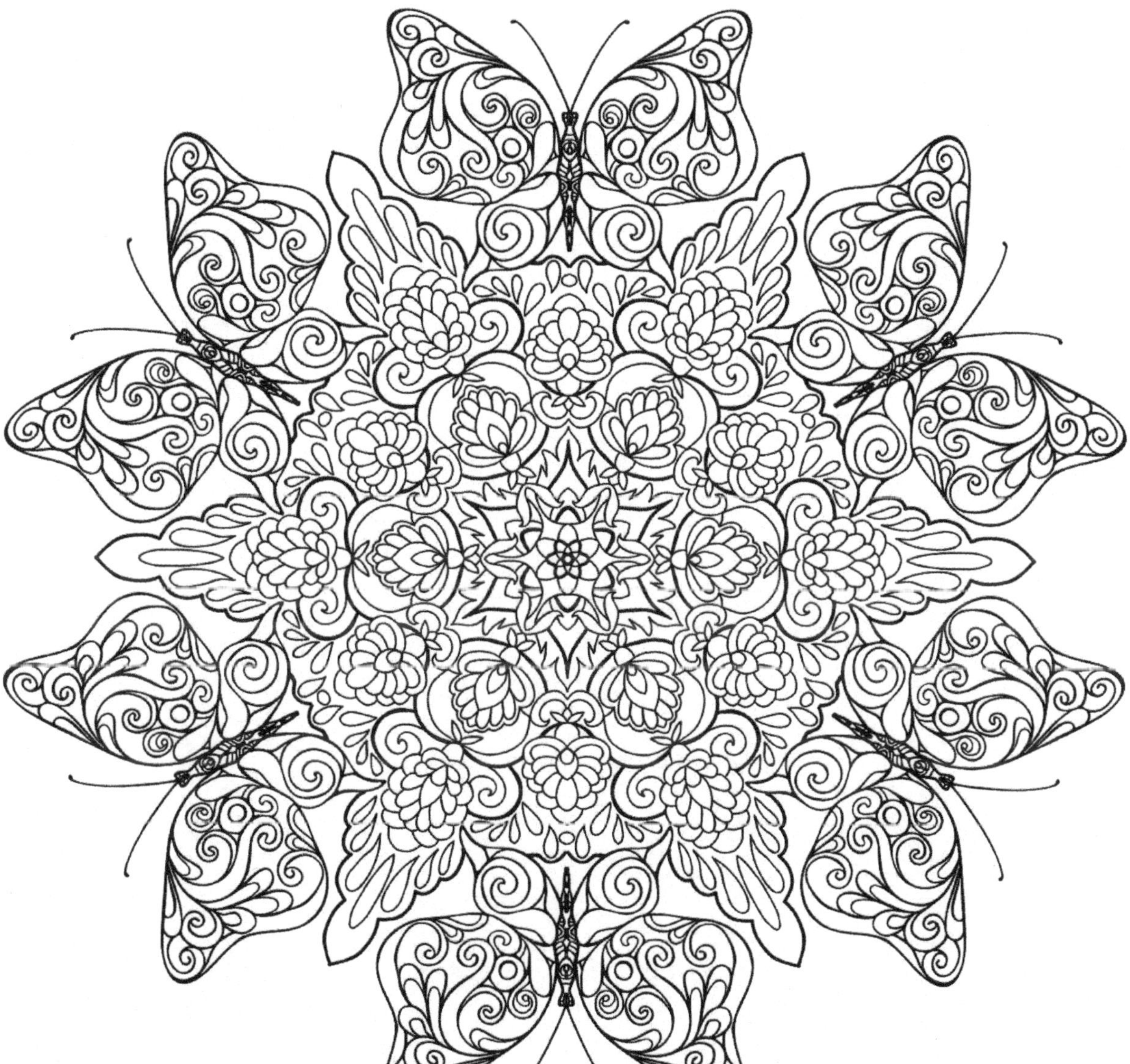

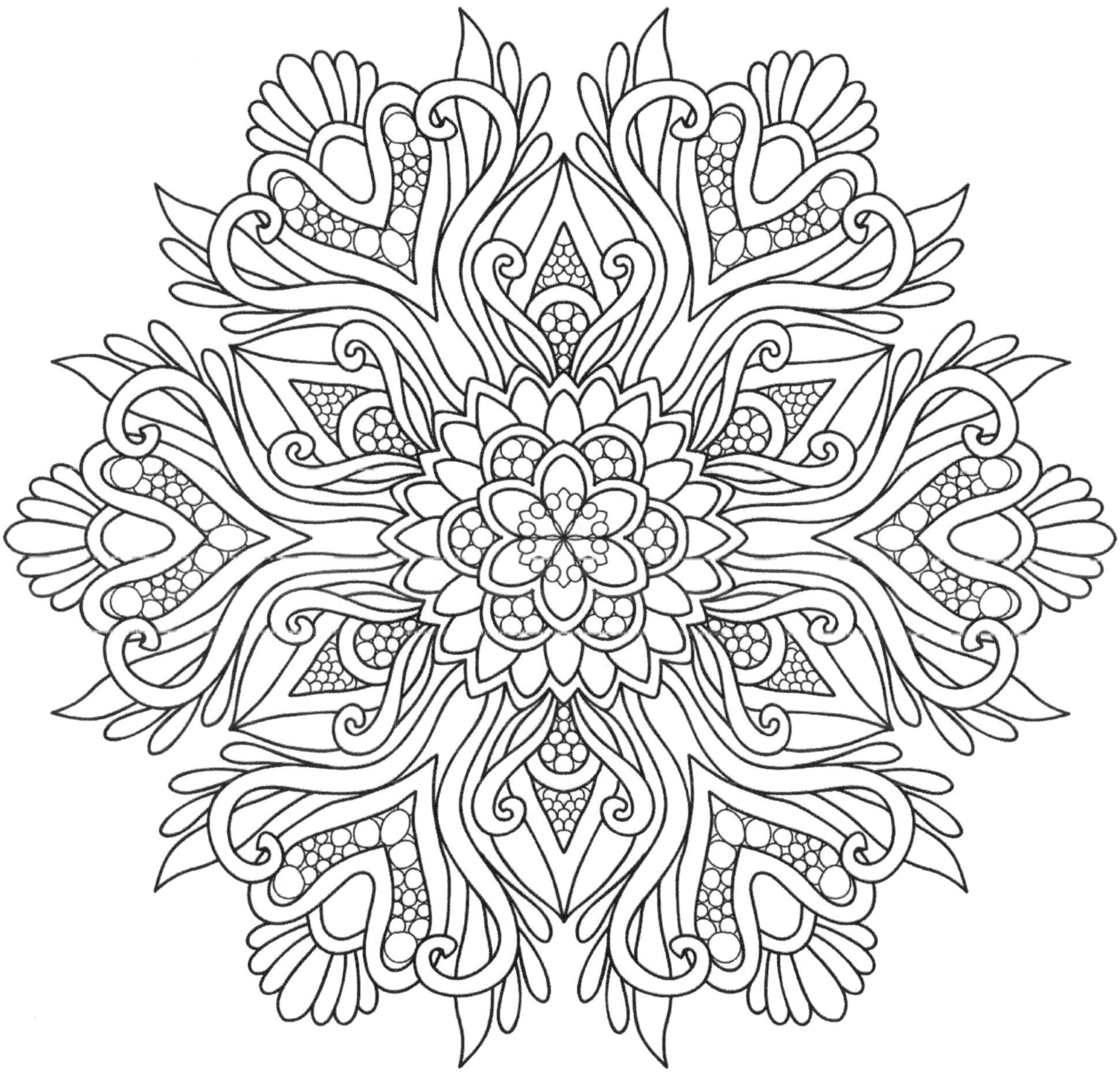

C'est une purge par Page si vous utilisez un coloriage feutre ou un stylo!

Trouver d'autres grands titres par la recherche de Coloriage Bandit sur Favorite livre détaillant

Amazon.Ca | Barnes & Noble (BN.Com) | J'ai Des Livres 1 Million (BAM.Com)

COLORING BANDIT

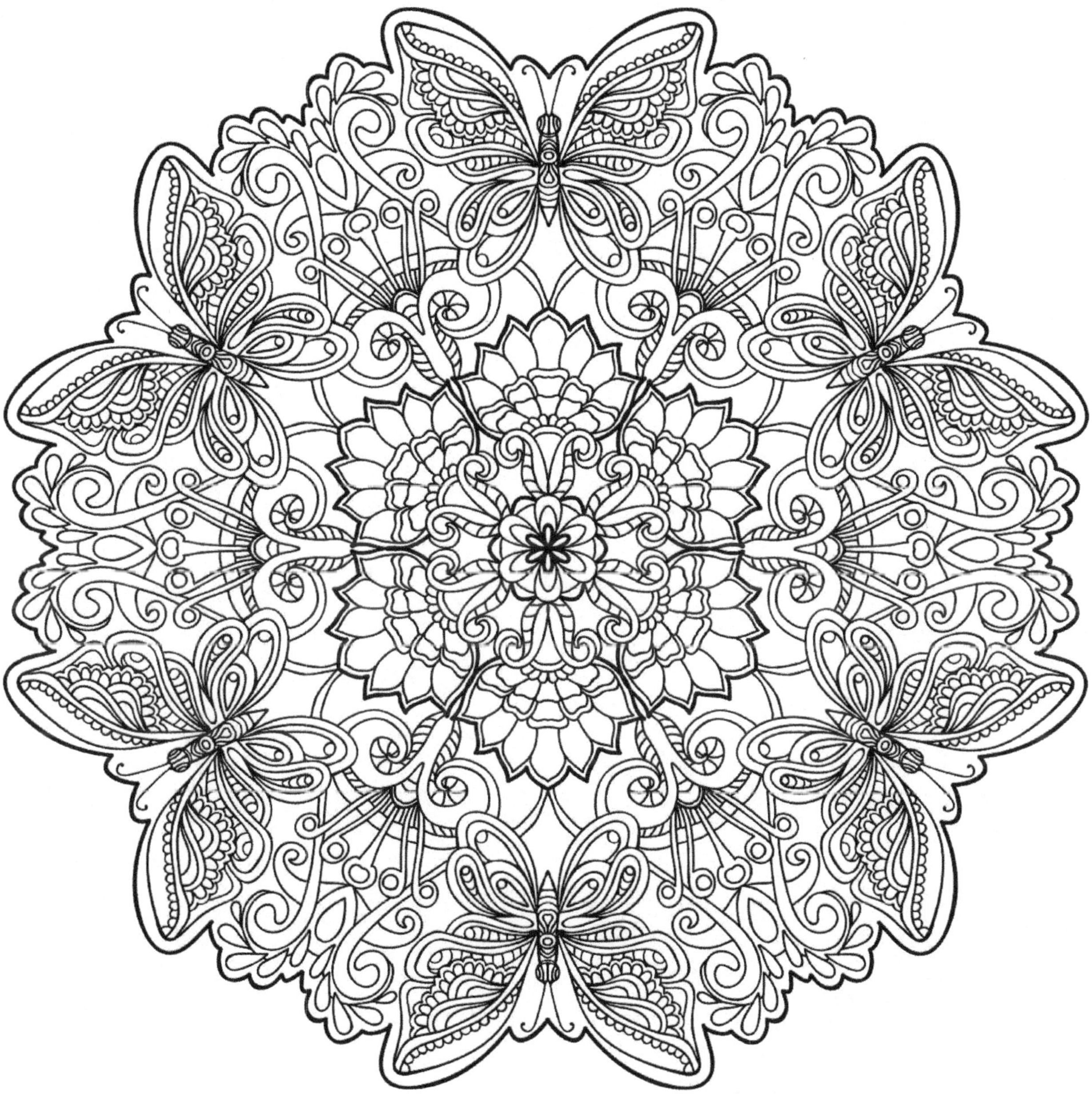

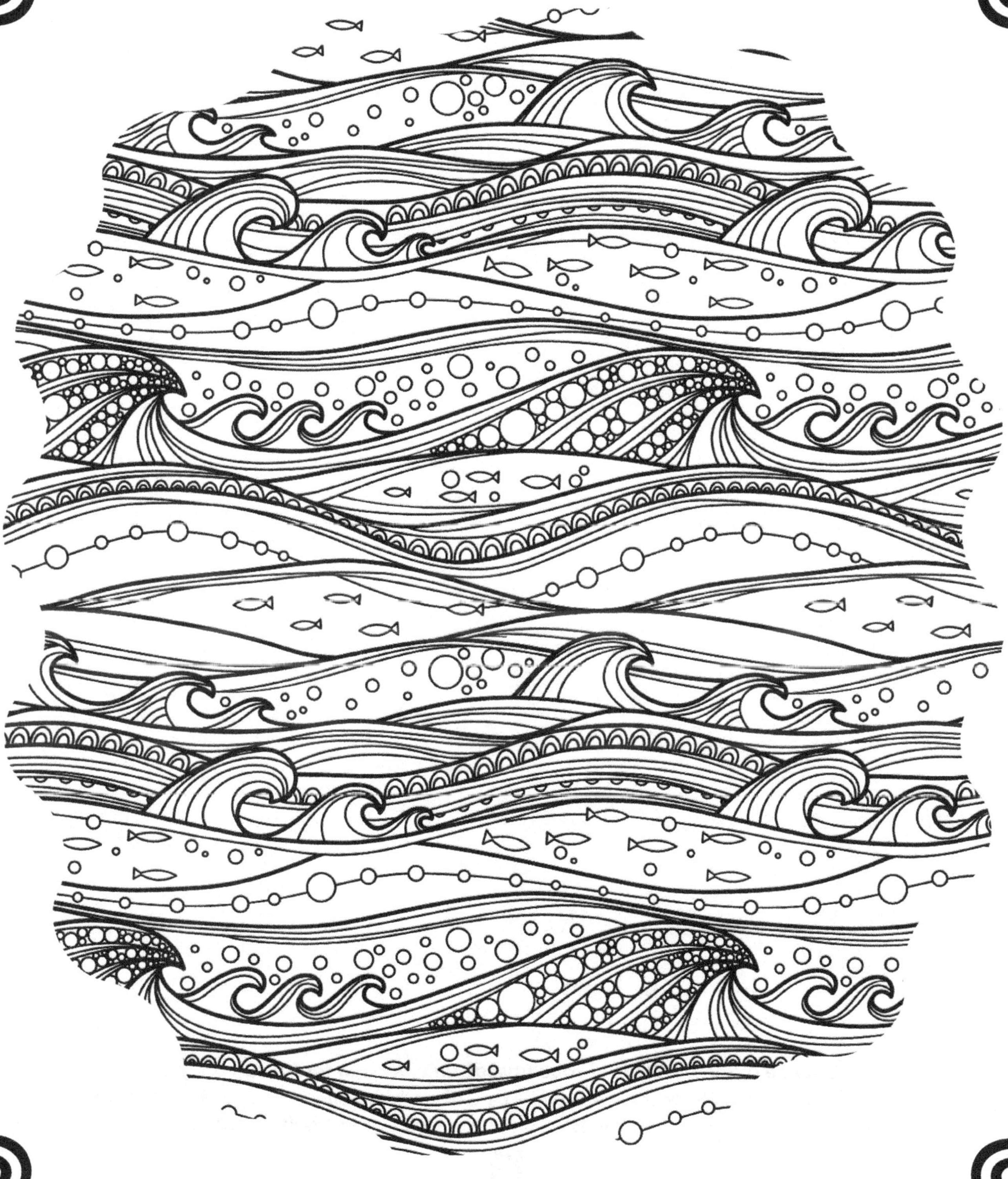

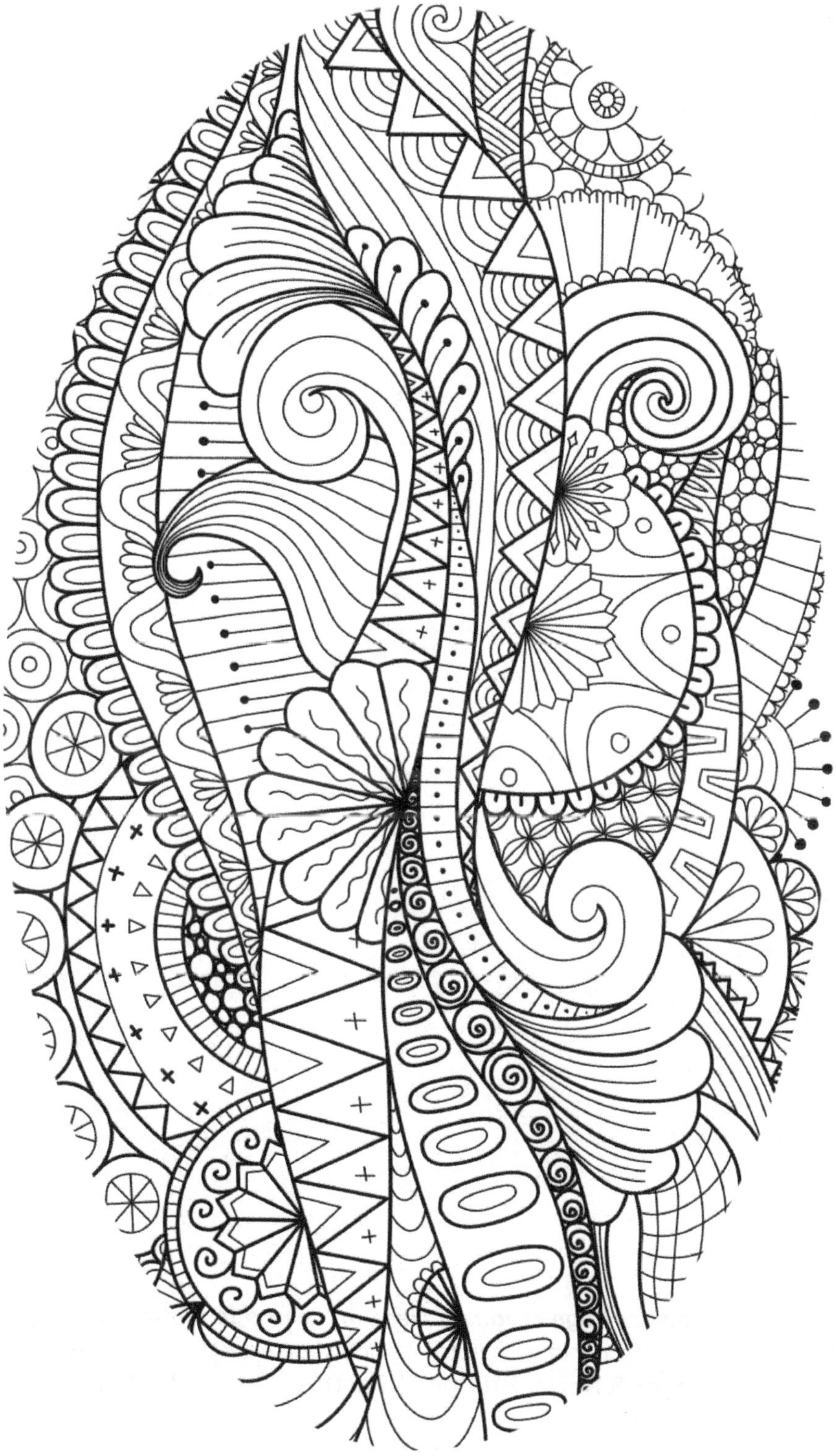

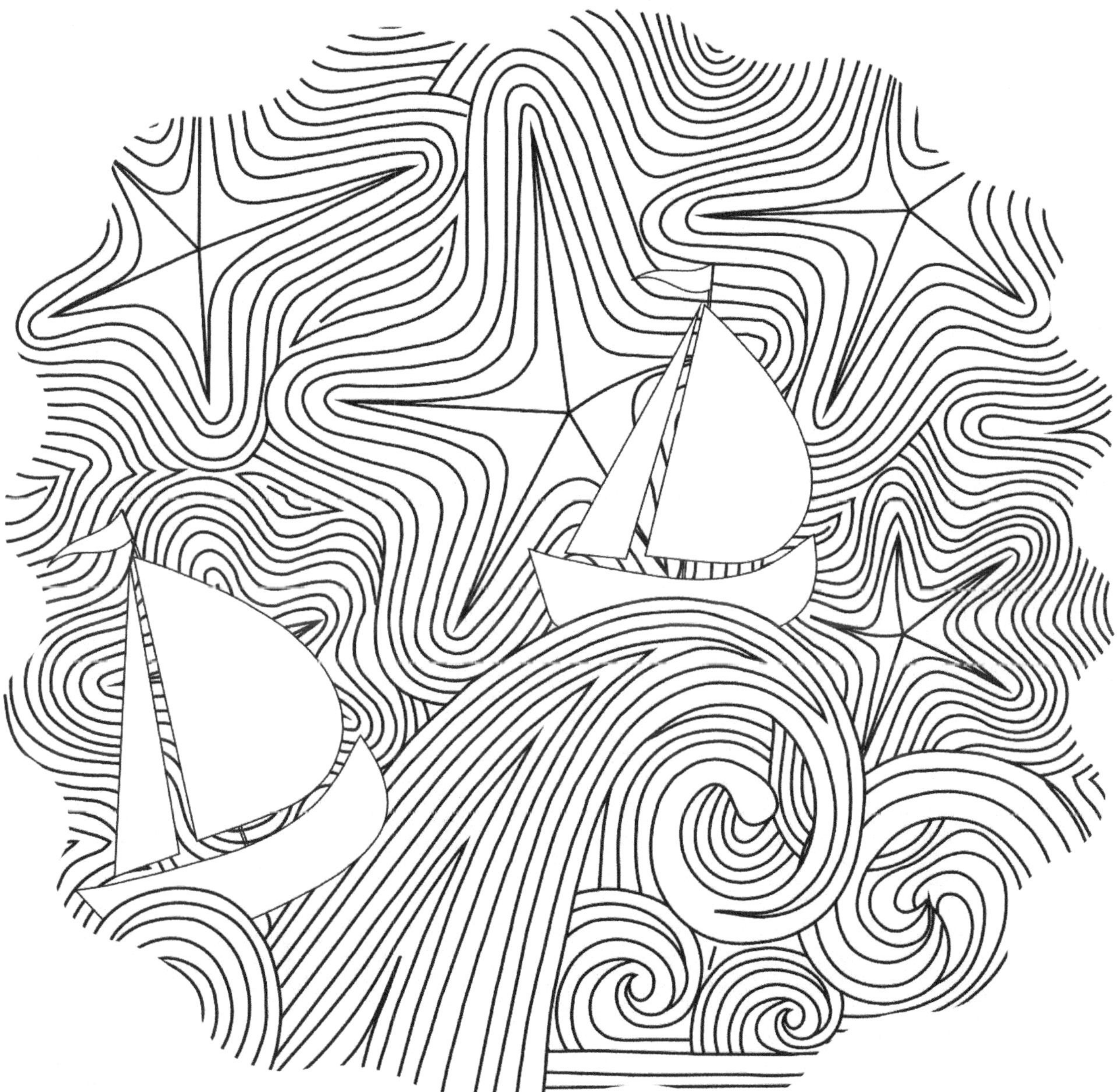

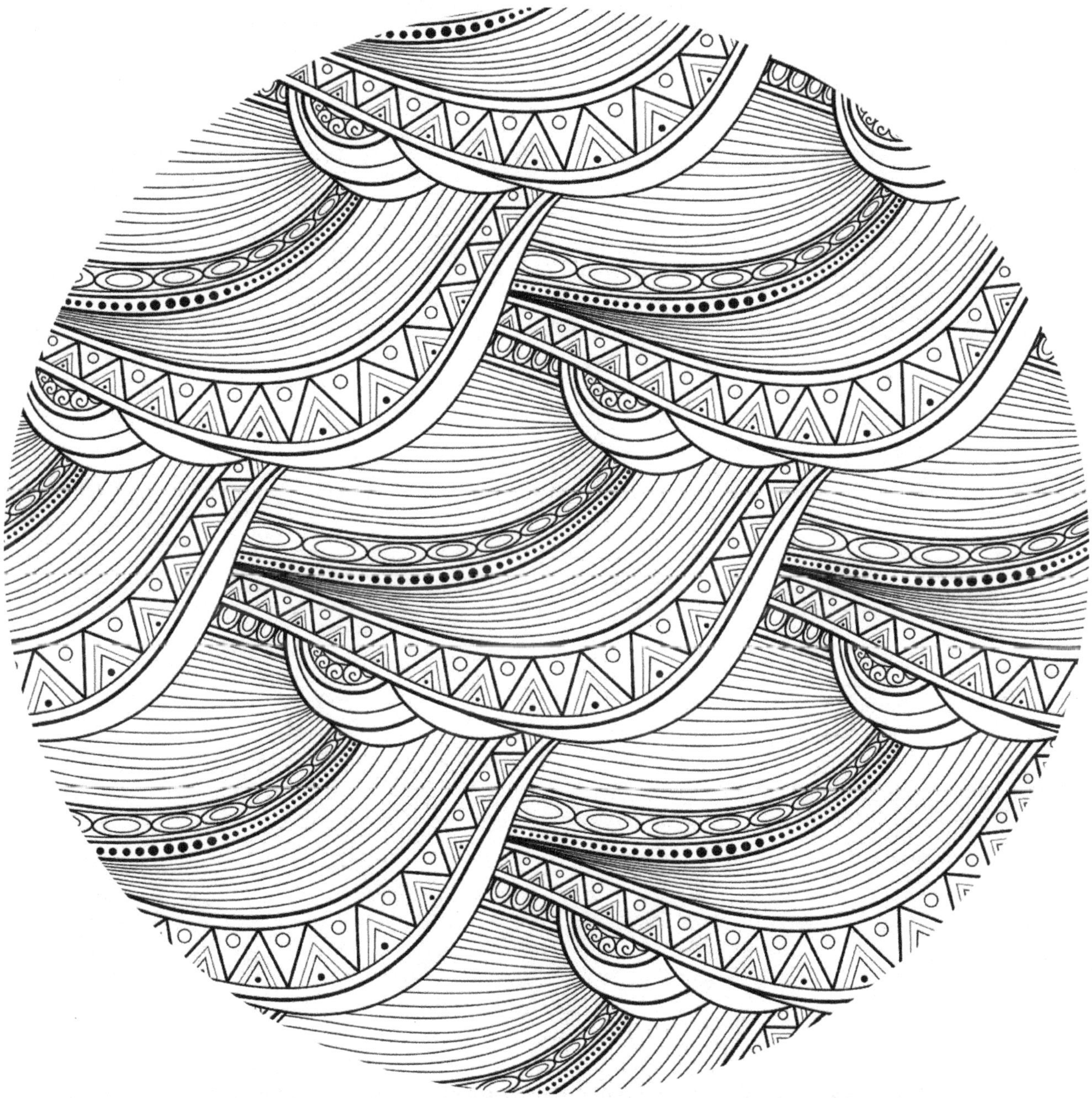

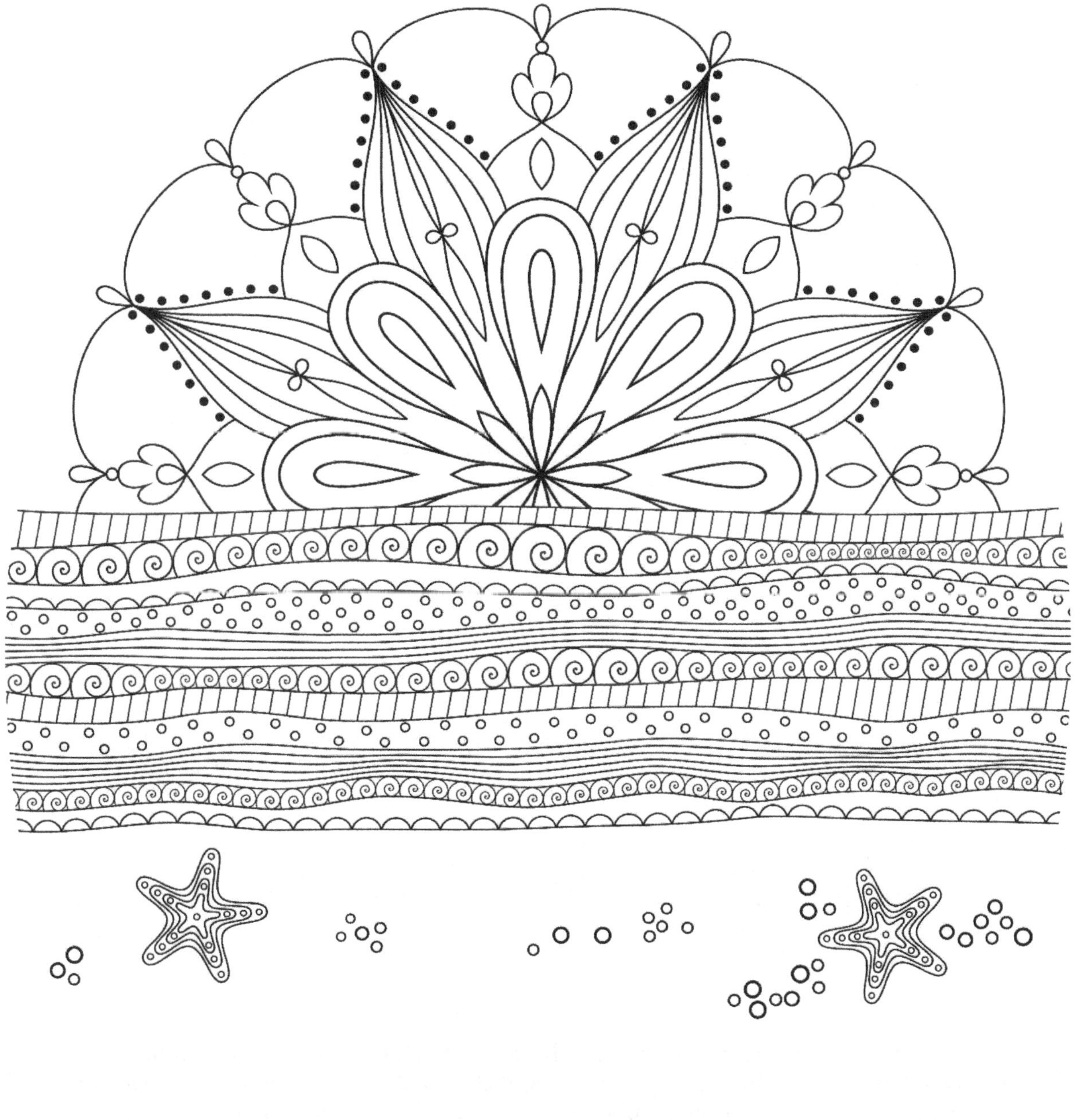

C'est une purge par Page si vous utilisez un coloriage feutre ou un stylo!

Trouver d'autres grands titres par la recherche de Coloriage Bandit sur Favorite livre détaillant

Amazon.Ca | Barnes & Noble (BN.Com) | J'ai Des Livres 1 Million (BAM.Com)

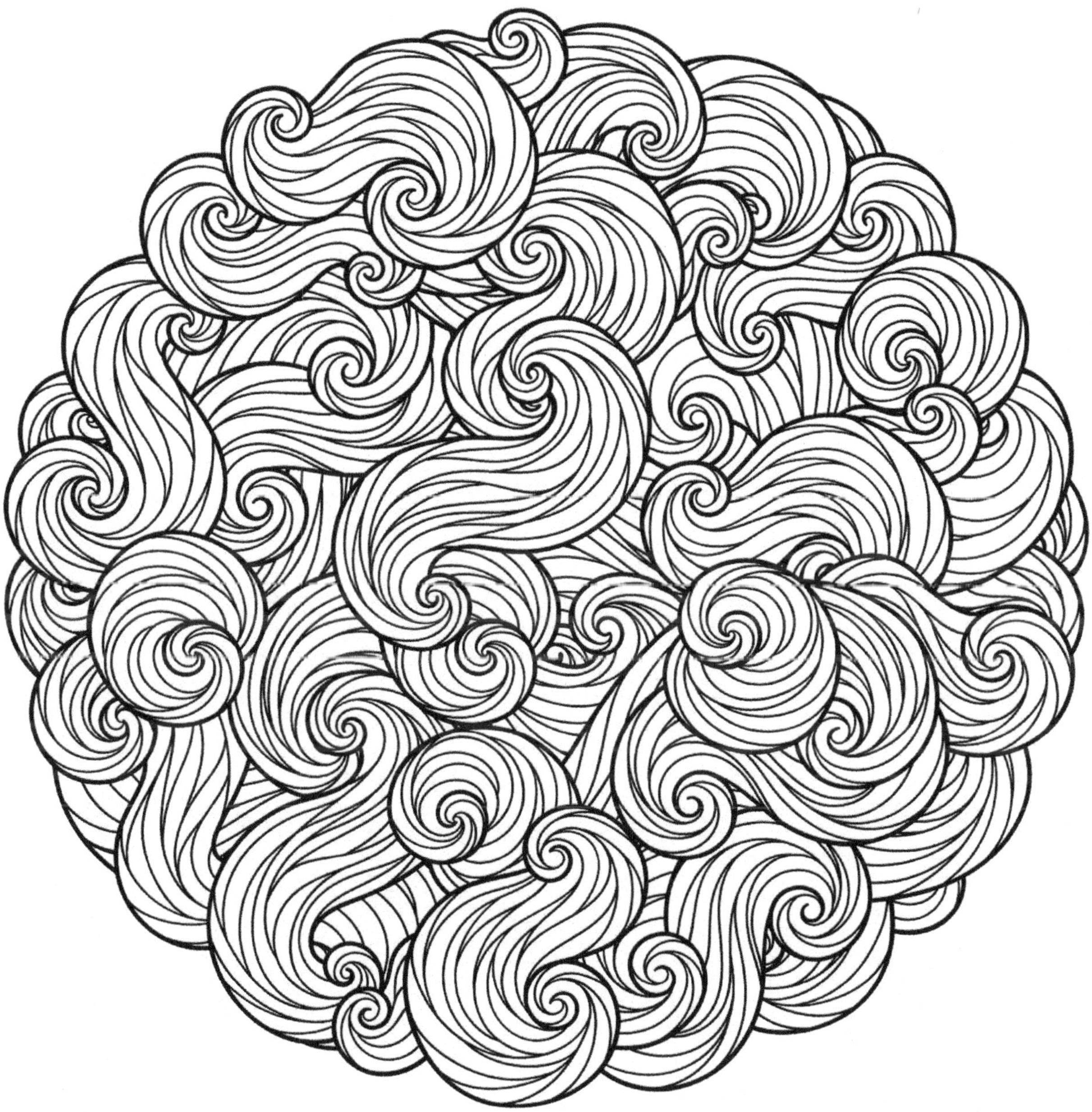

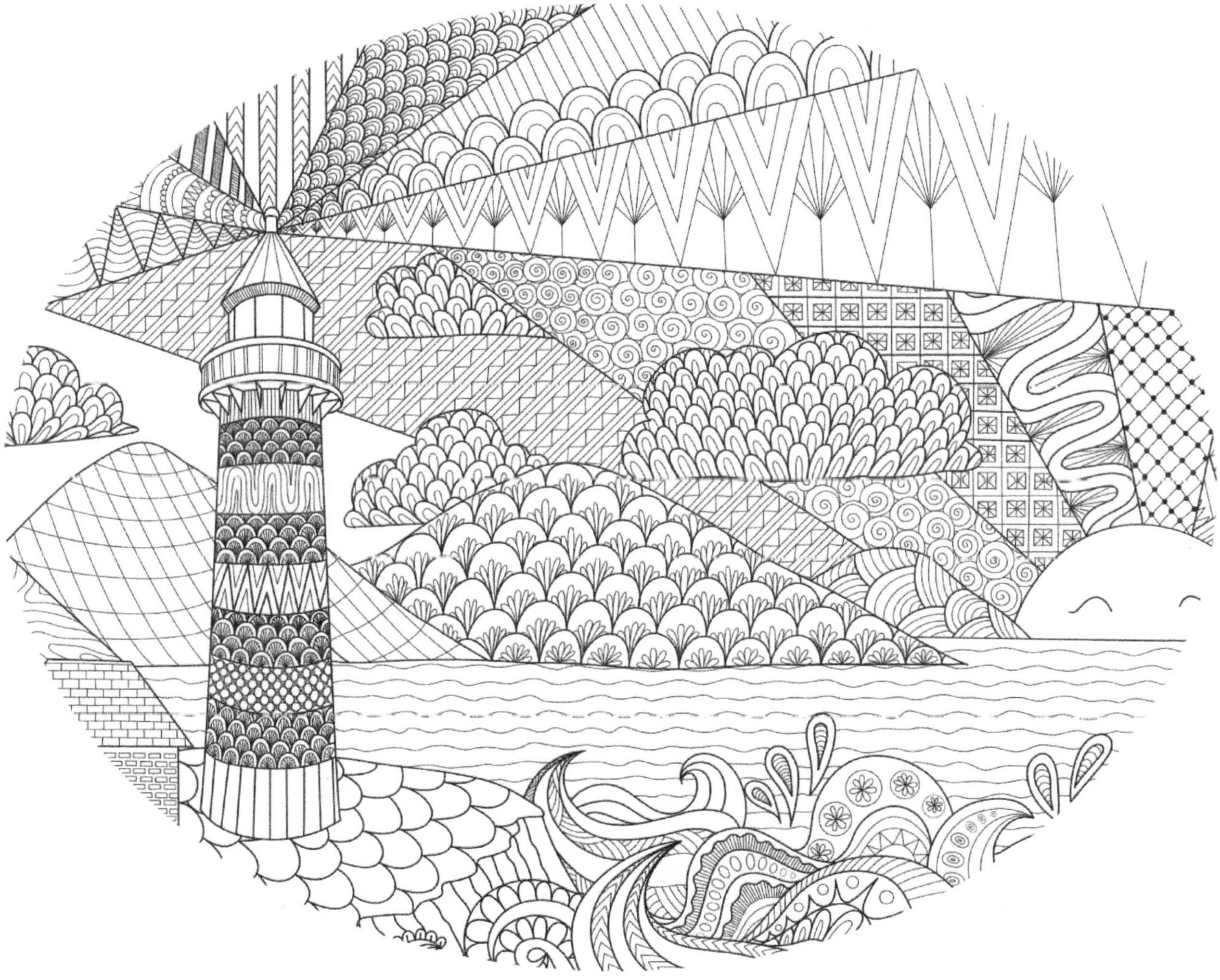

C'est une purge par Page si vous utilisez un coloriage feutre ou un stylo!

Trouver d'autres grands titres par la recherche de Coloriage Bandit sur Favorite livre détaillant

Amazon.Ca | Barnes & Noble (BN.Com) | J'ai Des Livres 1 Million (BAM.Com)

COLORING
BANDIT

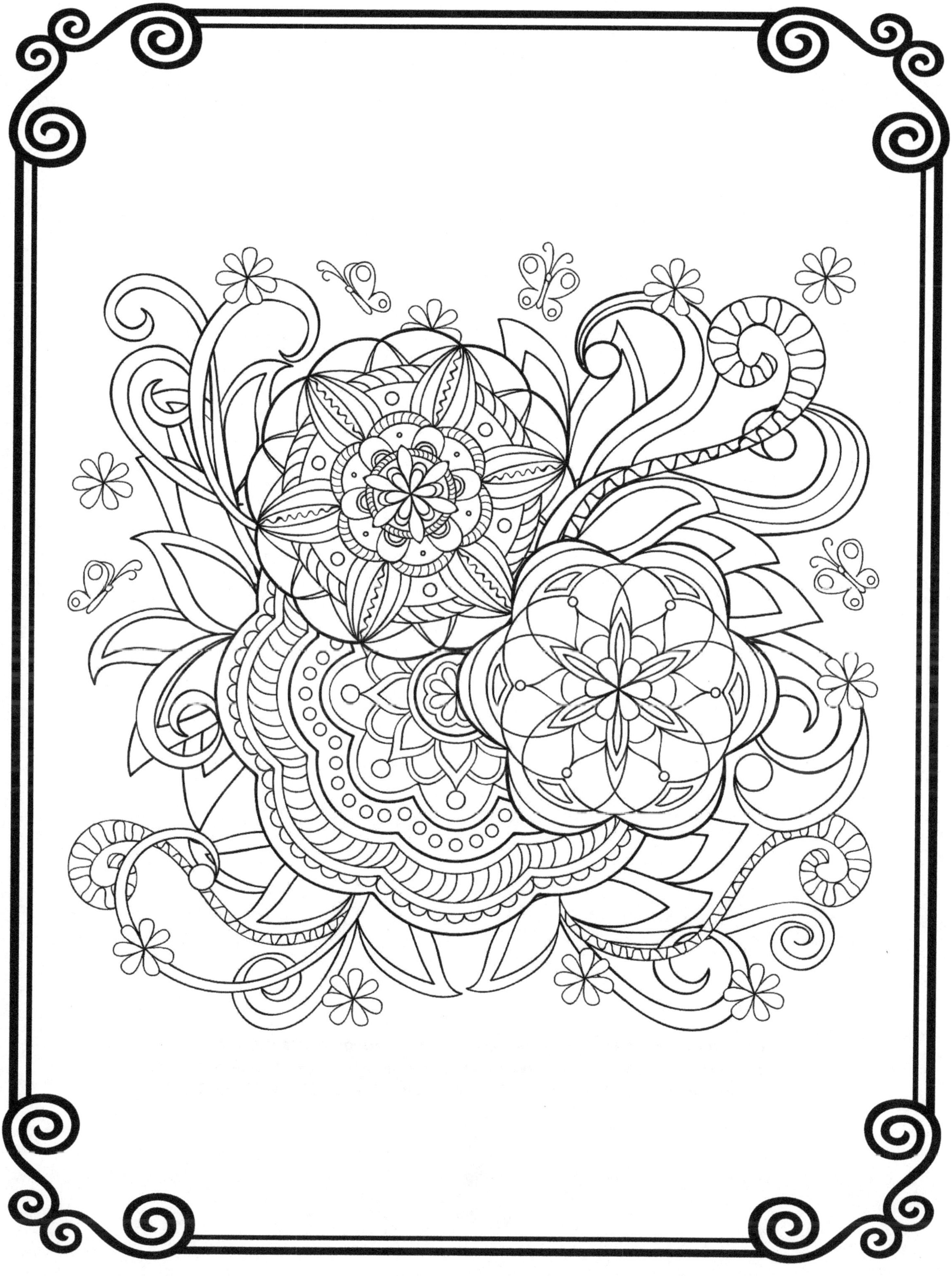

C'est une purge par Page si vous utilisez un coloriage feutre ou un stylo!

Trouver d'autres grands titres par la recherche de Coloriage Bandit sur Favorite livre détaillant

Amazon.Ca | Barnes & Noble (BN.Com) | J'ai Des Livres 1 Million (BAM.Com)

COLORING BANDIT

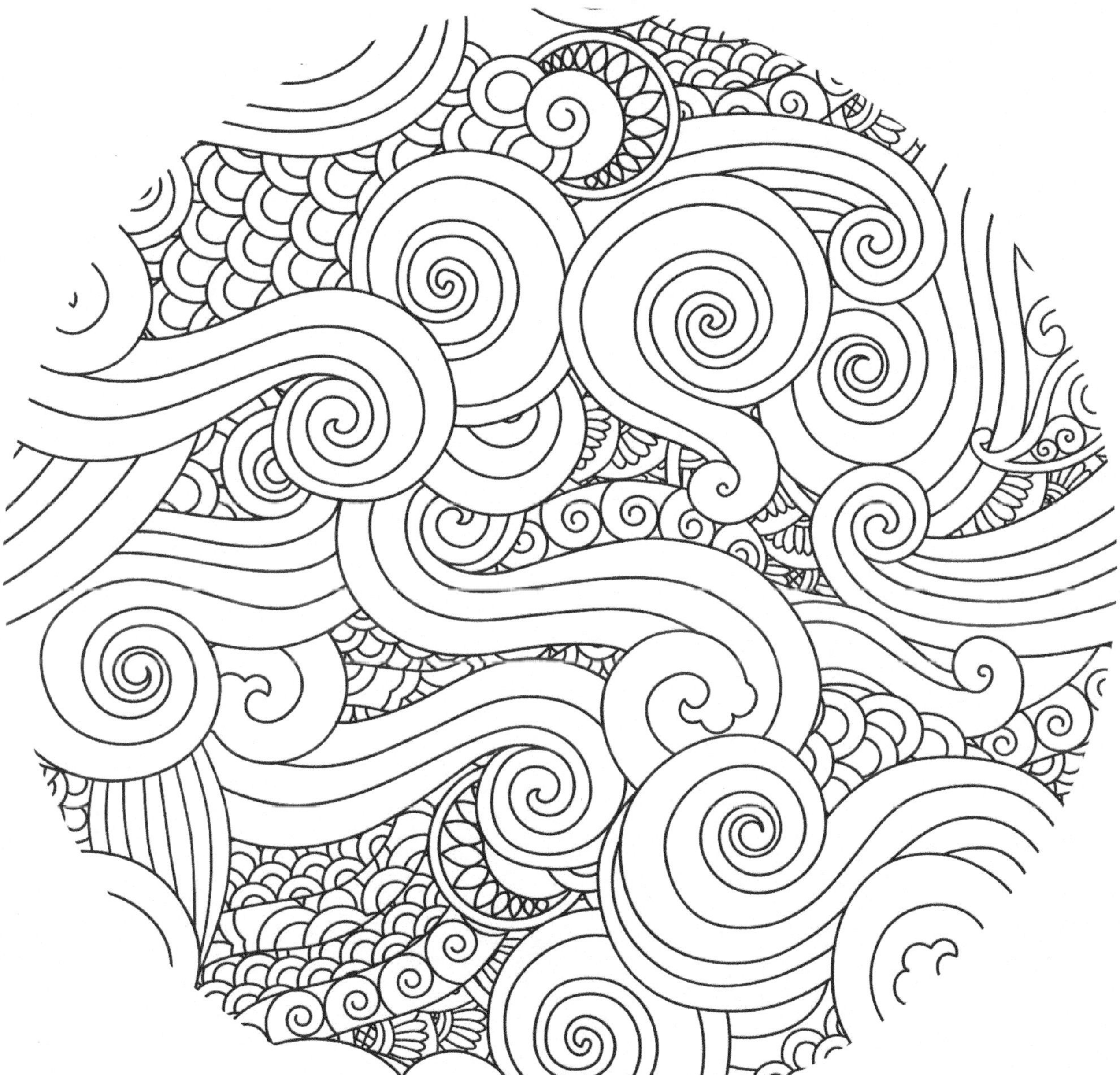

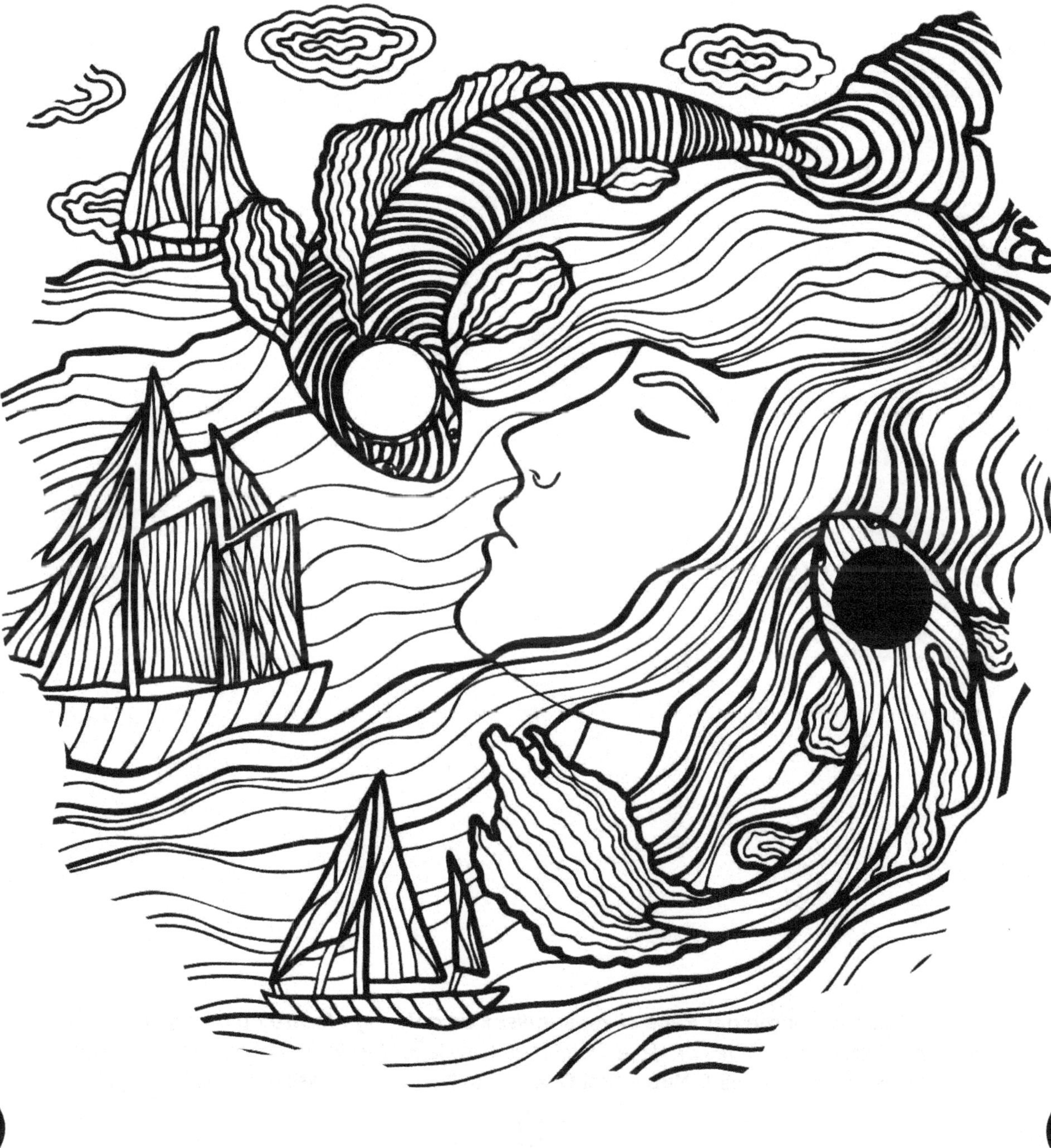

C'est une purge par Page si vous utilisez un coloriage feutre ou un stylo!

Trouver d'autres grands titres par la recherche de Coloriage Bandit sur Favorite livre détaillant

Amazon.Ca | Barnes & Noble (BN.Com) | J'ai Des Livres 1 Million (BAM.Com)

COLORING BANDIT

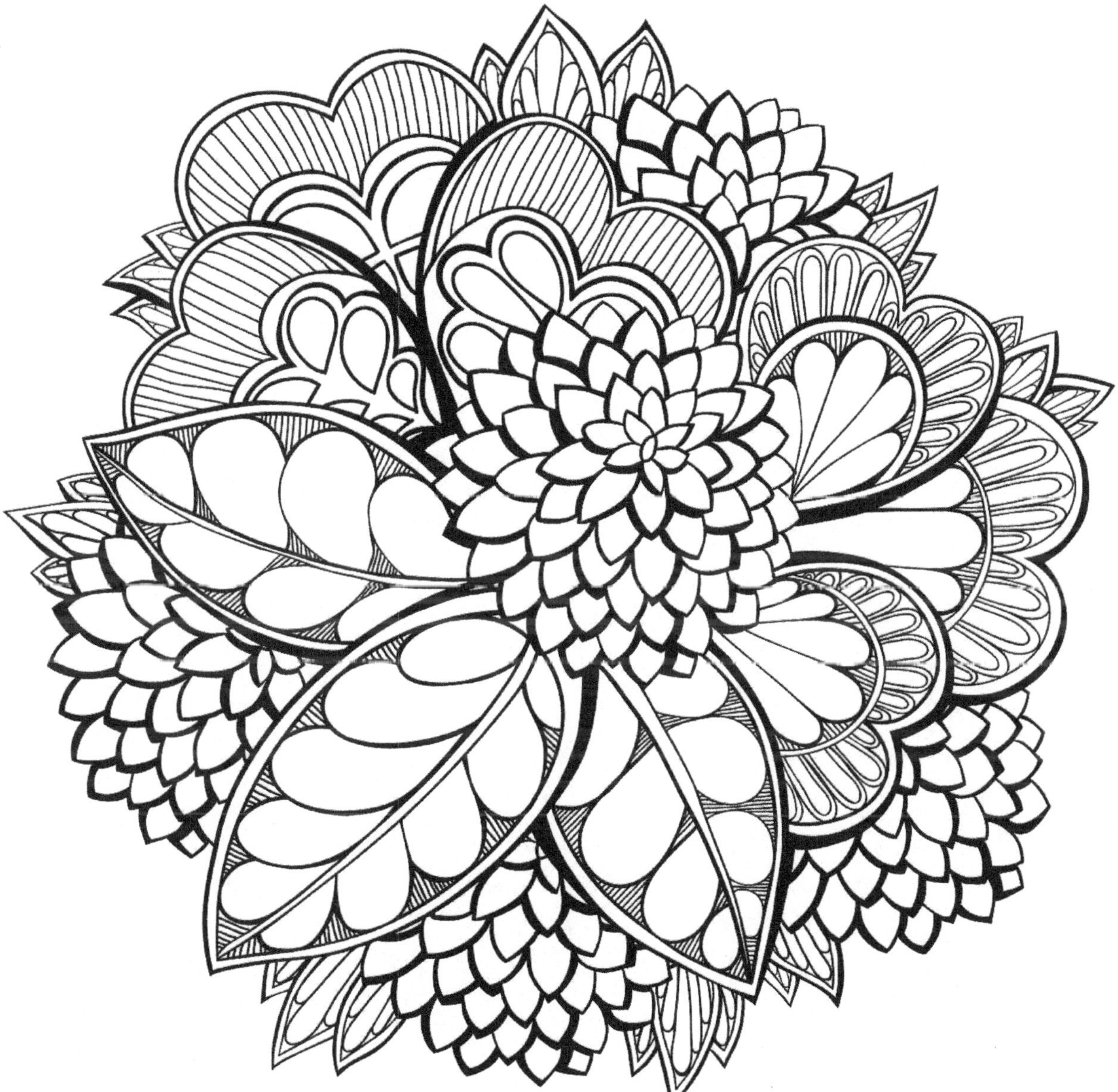

C'est une purge par Page si vous utilisez un coloriage feutre ou un stylo!

Trouver d'autres grands titres par la recherche de Coloriage Bandit sur Favorite livre détaillant

Amazon.Ca | Barnes & Noble (BN.Com) | J'ai Des Livres 1 Million (BAM.Com)

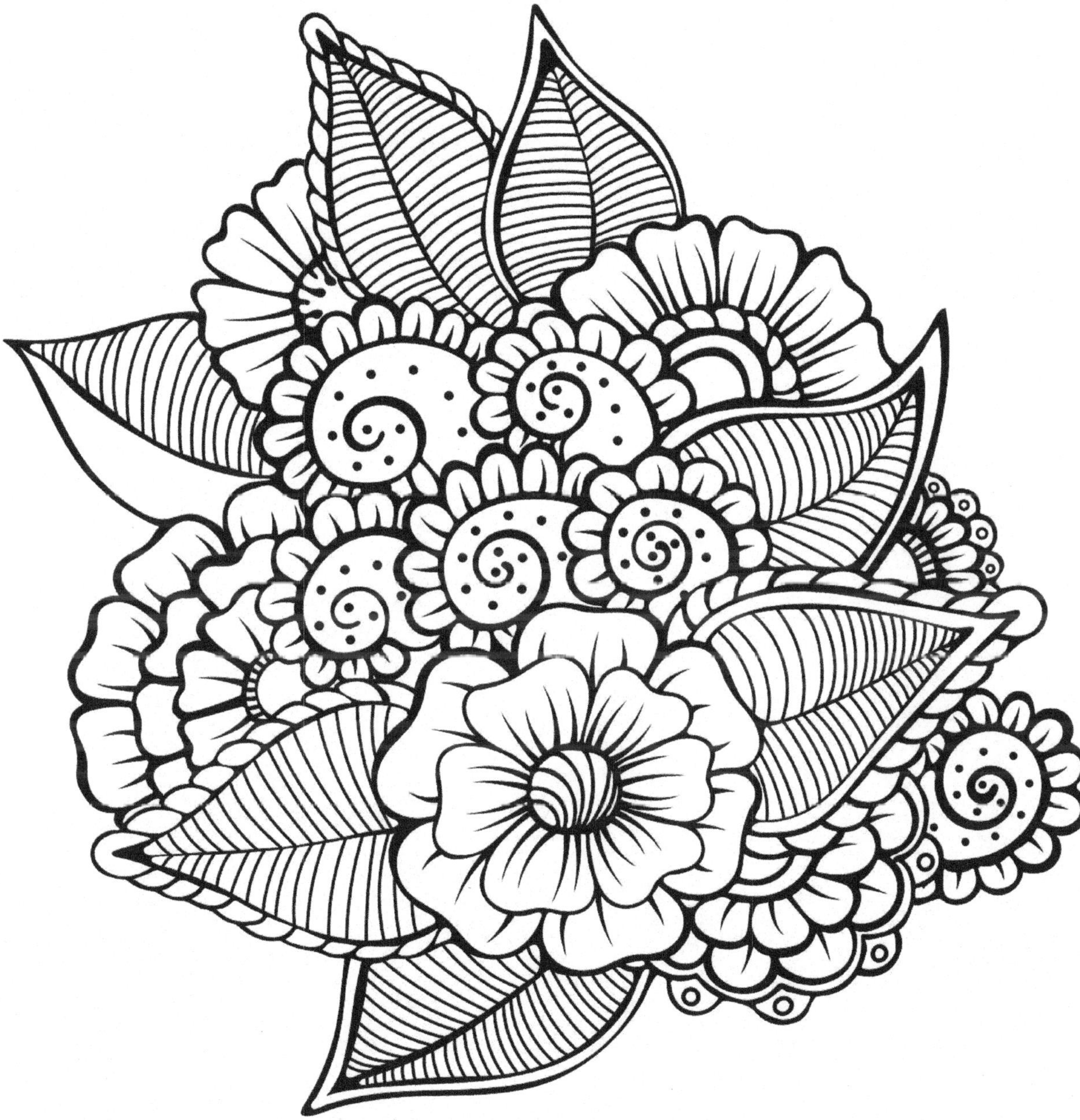

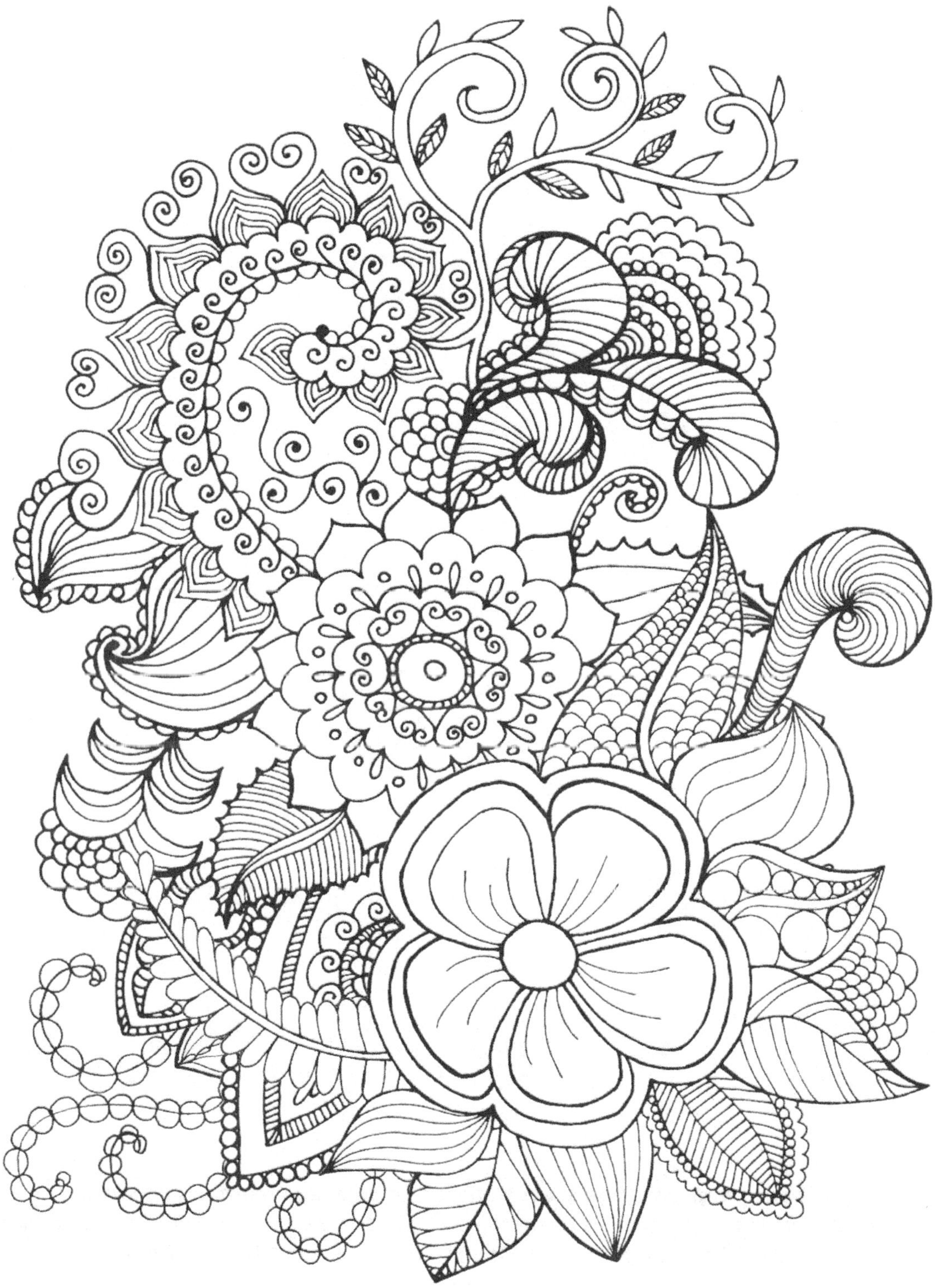

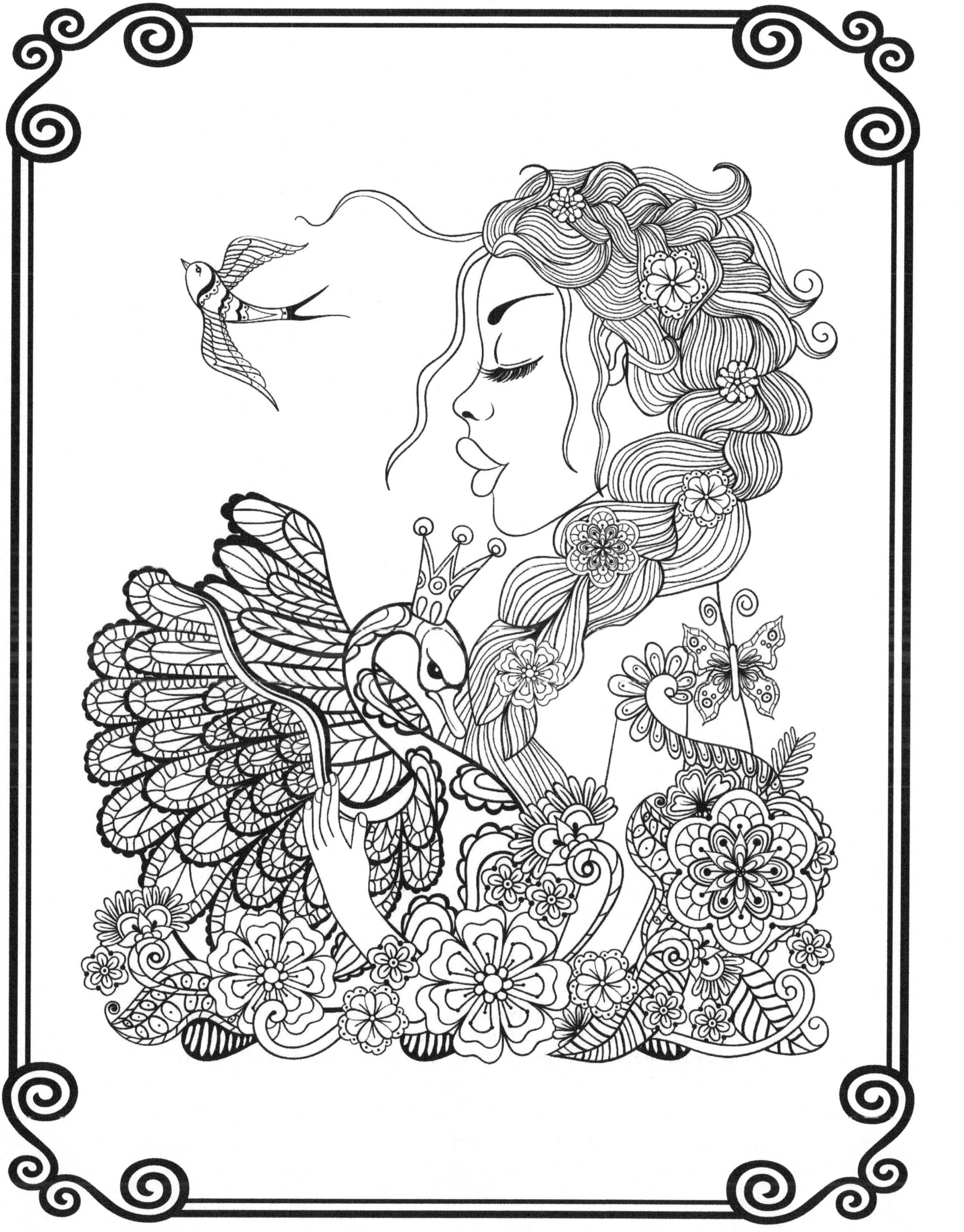

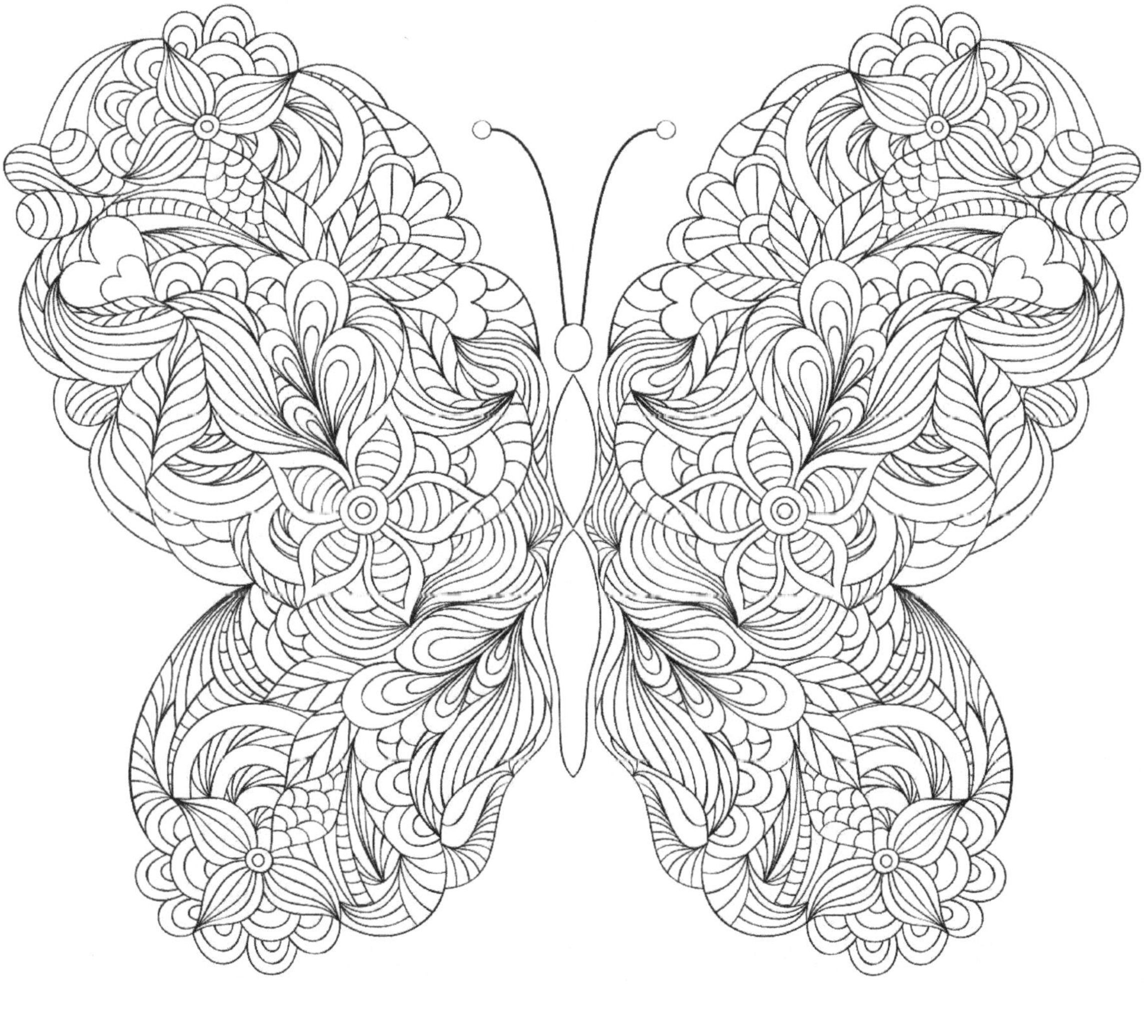

Made in the USA
Monee, IL
07 July 2026

56545378R00037